生活因阅读而精彩

生活因阅读而精彩

创业如何走直线

草根创业者的59种成功模式

庞晓龙/编著

时事出版社

图书在版编目(CIP)数据

创业如何走直线:草根创业者的59种成功模式/庞晓龙编著.
—北京:时事出版社,2014.5

ISBN 978-7-80232-707-8

Ⅰ.①创… Ⅱ.①庞… Ⅲ.①企业管理-通俗读物
Ⅳ.①F270-49

中国版本图书馆CIP数据核字(2014)第075496号

出版发行:时事出版社
地　　址:北京市海淀区巨山村375号
邮　　编:100093
发行热线:(010)82546061　82546062
读者服务部:(010)61157595
传　　真:(010)82546050
电子邮箱:shishichubanshe@sina.com
网　　址:www.shishishe.com
印　　刷:北京建泰印刷有限公司

开本:787×1092　1/16　印张:17　字数:163千字
2014年5月第1版　2014年5月第1次印刷
定价:29.80元
(如有印装质量问题,请与本社发行部联系调换)

前言

PREFACE

在很多人眼里，创业如何取得成功，似乎一直都是一个不可捉摸的秘密。通常，人们都会把成功者的成功原因和机会联系在一起，然后又把机会和“偶然”、“幸运”这样的词联系在一起，认为成功的机会出现极具偶然性，谁要是得到了一个创业机会，谁就是一个幸运儿。正是基于这样的认识，使得大多数人在创业、做事时，总会不由自主地认为成功是一种偶然现象，所有那些获得事业成功的人，都是上帝的宠儿。于是，就会宿命地认为自己很不幸，也许这辈子都不会得到上帝的垂青。

还有一些人，则没有这么悲观。他们认为只要耐心等待，机会终将会到来，成功自然也会到来。于是，他们总说：“等我有机会的时候，我一定好好创业，大干一场。”这样的话说得多了，自然就会给自己造成一种心理暗示：机会不是靠找来的，而是要等的。就像那个守株待兔的人，他认为只要在大树底下，耐心地等，总能等到兔子撞树的那一天，到那时，就可以捡个现成的，而自己则不用费丝毫力气。

还有一些人，他们以为只要努力，总有一天成功会降临到自己头上，于是他们整天忙碌，不停地努力。但在他们身上常常出现的一种情况却是白走弯路，绕来绕去，一段时间过后发现自己还在原地踏步。

如何让自己快速走向成功，如何让创业走直线？这正是本书想要探讨和回答的问题。在现实生活中，其实并不乏走向成功的机会，只要你细处留心，你会发现走向成功的机会无处不在，走向成功的道路并不曲折。

有些人好高骛远，好大喜功，在打算创业的时候，从不把那些微小的创业机会放在眼里，在他们眼里，只有那些能赚大钱的机会才算是机会，而在那些微不足道的机会上花心思，则是一件浪费时间的愚蠢的行为。所以，他们总是眼睁睁地看着那些微小的创业机会从身边溜走，而丝毫不觉得遗憾。于是，他们在等待那些大机会中，蹉跎了岁月，荒废了时间。

事实上，看看那些成功人士的故事，就应该知道，创业跟幸运没有多大关系，起码没有必然的关系。想要抓住创业机会，首先要有善于发现机会的能力。就像阿里巴巴的创始人马云，他身材瘦小，长相丑陋，但却有一颗善于发现创业先机，抓住创业机会的头脑。当互联网的浪潮正在美国兴起时，一次美国之行，他便敏锐地感觉到未来在中国，也将掀起互联网的热潮。这是一次做大事的机会，马云准确地捕捉到了。作为中国电子商务网站的开拓者，马云用他的实际行动向天下所有梦想创业的人证明了一个道理：只要能抓住那些微小的机会，你就有可能创业成功、改变世界。

本书精选了诸多已经业有所成的创业实例，和诸多“黑马变黑前”的创业新秀，在这些例子中，他们有的已经功成名就，有的还在艰难的创业途中。观照他们的创业之路，不能说他们都是成功的，也不能说他们都没有走过弯路，但是他们的创业故事中可学之处却有很多，对后来者的创业之路颇有指引意义，我们也期望此书可以让后来者的创业之路少些曲折，尽量走在最快捷的创业直线上。

目 录

CONTENTS

113 / 下篇

黑马变黑前

上篇
宏大始于微末

对于创业者来说，一个良好的开端无疑是非常重要的。而一个好的创业开端，往往需要抓住天时地利人和的时机。可能有人会觉得，时机可遇不可求，其实不然，机会无处不在，现实中从不缺少机会，缺少的从来都只是发现机会的眼睛。

1 创业模式

机会虽小，却可以改变世界

改变世界的，都是你一开始没注意到的微机会。这句话放在一个人身上最合适，那就是如今阿里巴巴公司的总裁——马云。马云身材瘦小，长相丑陋，但这并不妨碍他有一颗善于发现机会，抓住机会的商业头脑。作为中国电子商务网站的开拓者，马云用他的实际行动向天下所有梦想创业的人证明了一个道理：只要能抓住那些微小的机会，你就有可能改变世界。

那么，马云是怎样在别人没有发现机会时，发现了机会并最终成就自己的商业帝国的呢？

马云从小到大在亲戚、朋友、老师眼里，都不是一个招人喜爱的人。小时候常常打架，多次转学，在别人看来，他完全是一个没有任何前途的人。他的一个高中老师曾对他说："你要是考上大学的话，我把名字倒过来写。"但马云真的考上了，只不过他考上的是一所普通大学，所学专业是英语。

马云是一个内心不安分的人，总想找点什么事做做。在他刚刚大学毕业时，他在杭州电子工业学院教英语。但教学生活对于从不安分的马云来说，简直味同嚼蜡。于是在 1991 年，马云便和朋友成立海博翻译社。但现实和梦想总有差别，翻译社的运行十分困难。朋友有些动摇了。但马云却坚持要做下去。于是，他就一个人背着麻袋到义乌、广州等地进货，开始卖起礼品、鲜花等小商品来。

对于当时的人们来说，互联网还是一个相当陌生的字眼，马云第一次听说互联网是在 1994 年底。这个新玩意儿立刻勾起了马云的好奇心。

第二年，他特地去了趟美国，第一次真正接触到了互联网。此时的他，对电脑一窍不通，在朋友的帮助和介绍下，他开始认真研究起互联网来。就在此时，他想到当时的网上没有任何关于中国的资料，何不试着做一个承载中国资料的网站呢？出于好奇，马云立刻请人做了一个自己翻译社的网页，结果令他大为吃惊，仅仅不到 3 个小时，就收到了 4 封邮件！

此时，一个大胆的想法在他心里萌生了：要做一个网站，把国内的企业资料收集起来放到网上向全世界发布。

而在当时，绝大部分中国人对互联网听都没听说过，即使是在全球范围内，互联网也只是一个刚刚兴起的东西。那时，尼葛洛庞帝的《数字化生存》一书刚刚面世；杨致远创建雅虎还不到一年；而在北京，中国科学院教授钱华林刚刚用一根光纤接通了美国互联网，收发了第一封电子邮件。

而商业嗅觉极其敏感的马云已经在尚未开通拨号上网业务的杭州，梦想着要用互联网来开公司了！马云做事向来雷厉风行，于是他立马找了 24 个朋友到他家商量具体事宜。他口若悬河，整整讲了两个小时，最终决定付诸于实际行动。

1995 年 4 月，马云凑了 2 万元钱，正式成立了海博网络公司，网站取名为“中国黄页”，它就是中国最早的互联网公司之一。

3个月后，上海的互联网正式开通，马云的业务量激增。在其他企业都纷纷忙着建立自己主页的时候，马云已经赚得盆满钵满了。当时，制作一张主页，中英文对照的2000字内容、一张彩照，开价为2万元人民币。仅仅不到3年的时间，马云就已经将500万元的利润收入了囊中，同时，公司的知名度也逐渐大了起来。

1997年，马云挥师北上，在国家外经贸部建立了外经贸部官方网站、网上中国商品交易市场、网上中国技术出口交易会、中国招商、网上广交会、中国外经贸等一系列国家级站点。虽然成绩显著，但生性不受拘束的马云还是决定重返杭州，开始第二次创业，这一次，他瞄准了电子商务领域。于是，在1999年初，马云带领着他的创业班子重返故乡了。

当时全球互联网所做的电子商务，基本上是为全球顶尖的15%大企业服务。这显然不适合私营中小企业发达的浙江，对于中小企业的困境，马云心知肚明，于是他决定“弃鲸鱼而抓虾米”，放弃那15%的大企业，只做85%的中小企业的生意。

同年9月，阿里巴巴网站横空出世了，马云想成为为中小企业敲开财富之门的引路人。马云的这个举动大有逆潮流而行的意味，因为当时国内的互联网热正处于如火如荼的状态之中，无论是投资商还是公众，都把目光盯在了门户网站上。唯有马云选择了电子商务网站。然而他却在互联网界开创了一种崭新的模式，被国际媒体称为继雅虎、亚马逊、易贝之后的第四种互联网模式。直到现在，阿里巴巴的独特的B2B模式仍是一个无人可以超越的神话。

就在这一年，阿里巴巴的会员已经达到了8.9万个；2000年达到了50万；在2001年互联网的严冬季节，依然实现了百万会员的目标。此时的阿里巴巴已经成为了全球首家超过百万会员的商务网站。

2001 年，马云被世界经济论坛选为“全球青年领袖”，2002 年，马云被日本最大的《日经》杂志选为封面人物，该杂志对马云做了如下评价：“阿里巴巴已达到收支平衡，成为整个互联网世界的骄傲。” 2005 年，他被美国财富杂志评为“亚洲最具权力的 25 名商人”之一。2007 年，美国《商业周刊》杂志评选马云先生为“年度商业人物”。2008 年 3 月，他又被巴隆金融周刊评为年度全球 30 位最佳执行长官之一。2009 年被“2009CCTV 中国经济年度人物”颁奖典礼评为“十年商业领袖”。

如今的广大消费者，都已经习惯了在淘宝网上购买商品，和以往那种传统的商业模式相比，网上购物显得更加方便、简洁了。它对于人们生活的改变，产生了巨大影响。而这一切都是归功于马云当初的构想和选择。

2 创业模式
在被人唱衰的行业中发展壮大

一直以来，手机连锁销售总是无法摆脱商品过于单一的现状，随着消费者需求的日益丰富，很多人都认为手机连锁销售是一个看不到希望的行业。于是，像金飞鸿、百老汇等一些曾经的手机连锁区域霸主都慢慢地退出了人们的视线。鉴于此，很多业内人士便得出了结论：以手机连锁专卖的方式销售是一条死胡同。

但有一家公司却不这么看，他们始终认为专业卖手机会是一个大有前途的行业。这家公司就是乐语公司。在他们看来，手机连锁销售虽然一直广受诟病，但却也存在着机会。

出于对手机连锁销售的信心，他们在两年时间里，相继收购了 7 家区域性零售连锁企业，其中便包括“百老汇”、“中域时代”等。将这些公司收为已有之后，他们便在财务管理、采购平台、人事管理、营销管理、信息平台等几个方面，对这几家公司进行了整合；与此同时，他们还首次提出了“8A店”的概念，旨在全力为顾客打造“产品和服务一站式”的消费体验。

一直以来，无论是国内还是国外的手机连锁销售情况都十分萎靡，甚至在消费电子异常发达的日本市场，手机连锁也从来没有以专门的业态出现过；而在欧美市场，专门的手机连锁业务也是寥寥无几。同时，手机消费长期呈现出两极分化的态势：那些有经济实力的高端消费群体，通常会选择去那些大运营商的营业厅购买手机，因为那里提供的商务智能服务要全面、专业得多；而那些普通消费者通常都会跑到家电连锁店去购买，他们通常是一边逛家电，顺便买手机。这便导致单一的手机连锁业态被挤到了边缘地带，正如那句老话所说：“姥姥不疼，舅舅不爱。”

而更为糟糕的是，在20世纪90年代中后期，国内的通讯零售市场正处于迅速发展的高峰期。而以国美、苏宁为代表的家电连锁和以迪信通为代表的手机专业连锁虽然在当时占据着重要地位，可他们的销售额只占当时国内手机零售市场30%的份额，销售状况并不乐观，国内运营商的市场份额也不到10%，其余每年超过2亿部的手机都是通过数万家零售店销售出去的。

与国美、苏宁这样的大企业相比，这些小店虽然没有产品和服务方面的优势，但他们相对便宜的价格对于广大消费来说，却充满了吸引力。而像家电连锁商、运营商和手机连锁销售商们自身又都存在着很多致命的缺陷：例如一些家电连锁商，由于手机销售只占他们业务的一小部分，因此，他们便不会把过多的精力放在手机的产品运作和销售体验上，也没有培养起消费者到营业厅购机的习惯，因此也无法绑定更多的消费者；而那些手机连锁企业虽然只有手机销售这一种业务，但一方面由于过于分散，无法形成规模效应，另一方面他们还不具备远程异地的管理能力，因此这些企业的影响力只能覆集在某个区域，数量也很少，一般不超过十几家。

2008年，作为当时国内最大的手机连锁销售商之一的中域电讯遭遇了创建以来的最大危机。当时，来自全国各地的加盟商纷纷要求退出加盟。结果导致中域电讯的连锁店最后只剩下了不到1000家。在这次退盟危机的影响下，使得当时还在夹缝中生存的手机连锁零售企业前途更加渺茫了。

无疑，这是一个很难让人产生信任的行业。然而，面对这样的混乱局面，乐语的CEO费东平却有着自己的判断。他认为虽然这个行业遇到了危机，但却没有像很多人所想的那样悲观。他的分析是，通讯对于消费者来说正在成为仅次于衣食住行的第五大生活要素，未来消费者对于手机的需求会越来越大；而手机连锁行业割据一方、各自为政的局面，是很难满足市场需求的。于是他得出一个结论：要想打破这一困境，必须要形成规模效应才行。这一点正是乐语的机会所在。

接下来，费东平便对乐语的未来做了规划，旨在把乐语打造成为手机连锁销售业里的“寡头”。于是在2008年，乐语便开始了它“一统江湖”的一系列行动。但在迅速扩张的同时，乐语并没有像中域电讯那样采用加盟的模式。当时，以中域电讯为代表的大部分手机连锁企业都处于在扩张初期，他们无一例外都采用的是加盟模式以快速扩大市场份额。这种模式虽然在短时期内扩大了市场份额，但从长远来看，却留下了巨大的隐患。起初，中域电讯的加盟门槛很低，加盟费甚至一度仅需5万元，几十平方米的小门店亦可加盟，如此低的门槛必会导致那些资质欠佳的加盟商也混迹其中。而随着加盟数量的不断扩大，企业对这些加盟商的管理渐渐变得失控起来。供货不足的情况时常出现。很多加盟商为此大为恼火，于是便纷纷要求退盟。

这样的前车之鉴，费东平自然看在眼里。于是对于乐语的扩张，他从一开始就制定了明确的目标。他认为扩张的目的是为了树立更好的品牌形象，提升自己的议价权。门店开设的数量不在于‘多’，而在于‘精’。”所以，乐语从扩张整合初期开始，便只选择收购那些在各区域销售情况和消费者口碑最好的几家企业。这样的收购规模虽然小，到 2009 年，只开了 800 多家门店，但这些被收购的企业却个个都是精英。这些连锁企业，基本涵盖了西北和东北区域以外全国大部分主要地区，由此便基本形成了乐语的全国市场布局。为了统一管理，加强各区域的联系，乐语从统一财务管理，到统一采购平台，到统一人事管理，再到统一营销管理、统一信息平台等方面对几家企业进行了整合。资源的集中很快就带来了成本上的优势，各供应商、运营商纷至沓来，想要加盟。

在费东平看来，由于此时的手机连锁企业十分分散，难以树立有影响力的品牌，因此在面对运营商和手机厂商时往往缺乏议价能力。鉴于此，当乐语在手机连锁市场站稳脚跟之后，费东平马上意识到想要稳定住自己的领导者地位，必须“内外兼修”：乐语想要吸引住大量的顾客，就必须要满足消费者不断变化的需求和提升消费者的购买体验。

为此，费东平提出了“8A 店”的概念，全力打造“产品和服务一站式”的消费体验。这种新的手机零售店模式，按照手机销售、配件销售、周边产品销售、美容区、运营商区、售后区、功能应用区和技术展示区的八项服务标准来完成店面升级，从而满足了消费者在零售店中“买、逛、玩”的所有需求。消费者在乐语手机零售店内除了购机，还可以轻松实现配件配套更新、应用下载、手机美容等需求。

2010 年 8 月，乐语与香港著名手机周边产品品牌“摩米士”签订了合作协议，开始在自己遍布全国的 100 多家重点零售门店中销售“摩米士”设计独特、时尚潮流的智能充电器、屏幕保护贴、智能手机绳、手机保护套等周边配套产品，让消费者除了能选购一般的手机配件以外，还能选购到更为新潮、时尚和个性的手机配件，享受更加快乐、舒适的手机购买环境，这与乐语倡导的“快乐购物、快乐沟通”的理念相得益彰。

此外，费东平意识到，由于智能手机的普及，运营商的作用开始凸显出来，许多运营商都开始将通讯服务与手机销售进行捆绑。而对于运营商来说，销售手机并非他们所长，也没有必要花这么大的精力来做这件事。这在他看来，又是一个机会。

于是，他先后与国内的三大运营商签署了合作协议，开始介入运营商的营业厅，为运营商搭建手机售卖服务平台。目前，北京许多挂着中国电信 LOGO 的店面，都由乐语在运营，不仅负责手机的销售，还可以直接帮助消费者办理电信的相关业务，甚至连电信的固话收费业务都可以一起办理。

更为重要的是，这些服务既能满足运营商的要求并且符合他们的标准，又能够让消费者在办理手机的相关业务时得到更加专业的服务。这提供了一个让运营商放心，同时也能够让消费者满意的服务平台，找到了手机连锁销售商与运营商合作的新模式。

通过这种专业化的打造以及与运营商的紧密合作，大大增加了乐语的实力。即使是面对像国美、苏宁这样实力强大的竞争对手，乐语也显得底气十足了。在费东平看来，家电连锁更多考虑是家电的需求，而把手机和电冰箱、电视机放在一起，很难满足消费者个性化的需求，也无法提供更为专业化的服务。另外，随着运营商将在未来手机销售中扮演越来越为重要的角色，销售商也必须与运营商进行更为紧密的合作，而这些也正好是家电连锁企业难以触及的。

因此，他认为手机连锁销售模式构建未来竞争力的核心就在于通过差异化的购物体验，来吸引更多的消费者。于是“比运营商拥有更丰富的产品资源，比家电连锁企业更懂得手机产品和服务。”便成了乐语接下要奋斗的目标。

如今，乐语公司已经成了国内移动通讯产品最大的分销和零售连锁企业之一。乐语的成功说明，每个行业都有成功的机会，关键是要发现它。

3 创业模式

从“差异”中走上创业快车道

2008 年夏天，一个崭新的时尚奶茶连锁品牌在北京市场上异军突起。鲜绿色格调的店面布局，精致的产品包装，处处流露出年轻人向往的新鲜、时尚之感；而在一些知名的餐饮点评网站上，消费者对其奶茶口感更是赞不绝口。这个名叫“鲜果时间”的奶茶品牌，风头盖过了“街客”等行业先行者，成为北京最热门的奶茶连锁店。这家奶茶连锁店的主人名叫宋文博。宋文博何许人也？他是如何创办这家奶茶连锁店的呢？

他的创业之路要从 1998 年说起。当时宋文博高考落榜，失落之余，他有了创业的打算。和家人商定之后，他便来到西安做起了花卉生意。宋文博是一个很有经商头脑的人，又擅长管理，生意被他做得有声有色，6 年之后，他便成了西北地区的行业销售冠军。

2004 年初，就在他打算继续大干一场的时候，突然生了一场病，于是便离开了西安，返回家乡长春养病。一段时间之后，他的病情已经好转，此时的他又有了创业的打算，于是他开始重新寻找自己的项目。这年 3 月，他去沈阳考察市场，无意中看到了一家“街客”奶茶店。店里的生意很好，前来买奶茶的人排了很长的队。宋文博立马心动了，回去之后，他便与“街客”总部取得了联系，想在长春开一家加盟店。然而却得知“街客”当时在东北地区还没有建立连锁加盟体系。失望之余，宋文博却看到了另一个机遇：东北有着如此庞大的市场，为何不亲自试试呢?

于是，宋文博开始着手打造自己的奶茶店。为了学习奶茶制作技术，他先后跑了很多城市，专门考察奶茶店的原料来源、产品种类、商品包装。然而他却屡屡碰壁。失望之余，他突然想到：“街客”品牌是“避风塘”茶楼打造的，也就是说“街客”在技术和进货渠道上和“避风塘”是一体的。

想到此，宋文博兴奋极了。为了学习他们的技术，他决定去沈阳的“避风塘”茶楼打工。几个月之后，他如愿以偿地“偷”到了全套的奶茶制作技术，了解了原料的进货渠道。于是，几个月之后，他就在一所学校附近开了店，取名为“快的客”。

学校附近向来是年轻人的聚集地，在这里做时尚生意是最合适不过的了。然而这样的地方，竞争自然也异常激烈。“快的客”开业时，附近已经有了 9 家奶茶店。宋文博算是名副其实的后来者，结果开业前两周，“快的客”生意异常冷清。

但宋文博并不灰心，他认为只要把产品做好，就一定能吸引学生前来购买。于是便接连推出了三轮促销活动。

“快的客”的商场第一战，是在学生中发放面值 2 元的代金券，以赠送的方式给小店带来了第一批顾客。奶茶的口味得到学生肯定后，宋文博把促销方式改为买一杯送一杯，为了能享受半价的优惠，回头客纷纷拉上同学一起来购买。这样的促销虽然给“快的客”带来了稳定的客源，但却是在赔本赚吆喝。到了年底，宋文博便把买一赠一的销售模式，改为了有奖销售，顾客买一杯奶茶，可以免费参加抽奖活动。就这样，“快的客”正式踏上了销售之旅。

在这些促销活动的影响下，使得越来越多的学生记住了“快的客”。到2004年寒假前，省实验中学附近已经只剩下4家奶茶店。而宋文博的“快的客”，一举占领了50%以上的市场份额。

宋文博初尝成功的滋味之后，马上想到了扩大规模。2005年2月，宋文博在一所中学旁开起了第一家分店。然而，这次宋文博却碰了壁。这家中学是一所普通初中，消费能力相对较低，再加上新店开业时，已经临近学校放假，正好是市场的淡季，根本没几个人前来购买。

面对如此惨淡的局面，使得宋文博陷入了思考，奶茶店的顾客不应仅限于学生，其他人也可以成为奶茶的顾客。于是，半个月后，第三家“快的客”奶茶店在市中心的繁华商业区开业了。与前两家店以内卖为主不同，宋文博这次采取的是外卖的方式来作为经营的重点。在店面的装修上，宋文博也下了一番工夫。黄绿色的亚克力牌匾让人眼前一亮，时尚的装修风格，精致的一次性塑封杯包装，无不传达着一种品位消费的概念。那些在茶楼中卖十几元一杯的奶茶，在“快的客”只要3元钱，宋文博又赠送了一批2元代金券，结果竟引起了一场疯狂的抢购。

第三家店开业后，生意持续火暴，销量从每天一两百杯一直上升到六七百杯。随后，宋文博又接连开了几家分店，仅仅半年的时间，他已在长春开了9家店铺，真正成为了长春奶茶市场上的第一品牌。

“快的客”的成功，在引爆了长春奶茶市场的同时，也引来了很多模仿者，为了不让别人破坏整个奶茶市场，宋文博推出了加盟政策，随着很多店铺的加盟，“快的客”的规模开始越变越大。到 2005 年 9 月，“快的客”已经在长春开起了 60 多家连锁店!

而接下来，宋文博做出了一个让人大跌眼镜的决定：停止长春市场的加盟。他认为，60 多家店，已经足够覆盖整个长春，而市场容量是有限的，他接下来要做的事，就是要保证每家“快的客”都能盈利。

此时的宋文博早已把目光投向了长春以外的广阔天地。他的下一步计划是向整个北方市场扩张。哈尔滨和大连成了他的首选。

2005 年 10 月，宋文博在哈尔滨的第一家店正式开业了，在帮助代理商建立起公司和原料配送机构后，他直接飞到了大连。复制长春的成功经验，宋文博首先在大连繁华的商业区开了一家形象店，之后开展了几轮促销活动。随后，又在商圈和学校附近，相继开了 10 余家直营店，“快的客”品牌在大连正式打响了。

此时要求的加盟的人也越来越多，大连的市场很快就被打开了。然而，此时哈尔滨的店却出现了问题。由于代理商能力不足，几家店面一直都在亏损。

宋文博果断地进行了调整，从长春直接调配人员，又重新在哈尔滨全市各区的一些学校附近开了近 30 家店面，占领学校市场，然后再把店开到各区的主要商圈。经过几次调整，到 2006 年 5 月，“快的客”在哈尔滨的连锁店数量达到 50 余家，一个濒临死亡的市场，终于起死回生了。

接下来，宋文博把目标转向了青岛和内蒙古。同时继续在各地铺开加盟体系。他每选一个城市，都是稳扎稳打，全力开拓，待市场饱和后，便果断停止加盟，转战新的城市。“快的客”所到之处，无不生意火暴，一举成为当地奶茶市场上的第一品牌。

到了 2006 年的 9 月，“快的客”已在东北三省及内蒙古拥有了近 600 家加盟店。

然而，就在宋文博还沉浸在成功的喜悦中时，关于“快的客”的负面消息开始一个个向他传来。

有人说产品的口感差，有人说店面的卫生差，有人说服务态度恶劣等等，“快的客”的品牌形象因此大受影响。

经过调查，宋文博发现自己设想中的标准化经营在很多加盟店中很难真正实施。随着门店越来越多，管理的难度也就越来越大。就拿产品的配方来说，很多加盟店为了提高销量，总是会多加牛奶和珍珠的分量；而有些店为了追求利润，又会私自偷工减料。

于是，宋文博一方面对“快的客”的连锁体系进行整改，向各地增派管理人员，另一方面，开始思考未来的出路。

此时的他已经意识到，“快的客”无论是品牌定位还是加盟体系上，都存在着一定的缺陷，不适合中高端市场的推广，这跟他一直想做国内第一奶茶连锁品牌的梦想相差甚远。于是，他便毅然停止了“快的客”所有地区的加盟，转而开进北京市场。他要在北京创造一个最具影响力的奶茶连锁品牌。

然而，北京竞争的激烈程度是异常严峻的。2006 年 10 月，宋文博来到北京时，市场上已经有了十几个奶茶品牌，而领头羊“街客”，在北京已经做了 5 年，拥有着 30 家店面。

鉴于此，宋文博没有急于开店。他用了半年的时间，去考察北京的市场，不断对品牌定位进行调整。最终，他将自己的品牌定名为“鲜果时间”，以“新鲜”为主要的卖点。这种“新鲜”，既包括使用最新鲜的原料，给消费者提供最新鲜的产品，也包括针对新新人类，创造青春时尚的品牌形象。

为了突出自己“新鲜”的概念，宋文博重新设计了 VI 系统，这套系统十分符合新新人类的审美观；此外，在选料上也十分精心，他不像其他奶茶店一样使用奶茶粉，而是使用最新鲜的原浆……一切前期准备工作完成后，2007年4月，第一家“鲜果时间”奶茶店在中国交通大学附近正式开业了。很快，这个极具时尚感的全新奶茶品牌，就受到了年轻人的热捧，销售持续火爆。

这一次，宋文博吸取了“快的客”的教训，没有采用加盟的方式，而是采用合作的办法进行市场推广。对于所有有意与“鲜果时间”合作的投资者，他都要进行严格的考察，只有符合条件的，才允许加盟。同时，公司不收取任何加盟费，但对于加盟店投资和经营管理的要求却很高。

对于奶茶的包装，宋文博也进行了精心的设计，淡绿色带透明顶盖的纸杯，杯身是双层隔温材料，上面印着时尚的韩国漫画。使用这种包装，在国内的奶茶行业里，宋文博是第一个。虽然它比别家的一次性塑封杯价格要高几倍。但这样的设计细节，却大大提高了“鲜果时间”的品味和档次，深受消费者喜爱。

到了2008年夏天，“鲜果时间”在北京的店面已经多达40家，远远超过了“街客”5年的开店数量。

然而，野心勃勃的宋文博，却并不满意，他打算要在北京开120家店面，此外在合适的时候，还会在规范管理的基础上，重开“快的客”的加盟，抢占二三级市场。

近几年，饮品连锁品牌竞争异常激烈，特别是一些台湾时尚饮品品牌登陆内地后，更搅动了整个市场的热度，各类连锁品牌竞相登场，硝烟弥漫。“鲜果时间”的快速成功，靠的是走差异化路线：跟其他品牌用奶茶粉不同，它用的是最新鲜的果浆，以“新鲜”作为卖点；不跟风走连锁加盟的方式，而是采用合作的方式进行品牌推广；使用时尚高质量的外包装，塑造最高端、最时尚的形象；设计全新VI标识，迎合新新人类的审美观。“鲜果时间”用它独特的成功方式在告诉所有创业者：机会往往源于创新。

4 创业模式

从“个性鞋”里挖掘出的商机

郑州女孩于丽大学毕业后，移民到了法国。于丽有个爱好，就是喜欢去逛跳蚤市场。时间一长，她发现，很多非常富裕的法国人也对跳蚤市场情有独钟。

在那些跳蚤市场里，可以淘到很多有趣的东西，比如邮票、书籍、字画、毛毯、餐桌、鞋帽、衣裤、陶艺、雕塑等等，真可谓是一应俱全、应有尽有，而价格也是相当便宜。在这里卖东西的小贩，不是专门为了赚钱，他们只是兴趣使然。而买家也未必是真的拮据，讨价还价也乐在其中。

但要说起做生意来，却并非易事。拿那些纯白色的运动鞋来说，虽然质量和做工都很好，价格也很便宜，可法国人就是对它不感兴趣。这使得卖鞋的那些商贩颇为郁闷。看到这种情况，于丽就开始思考了。怎么才能让这种很不错的鞋子受到人们的青睐呢？

于是，于丽开始仔细地端详起自己买的运动鞋来，她发现这鞋虽然穿在脚上很舒服，但鞋面全白，再无其他颜色搭配，看上去十分普通，没有任何让人眼前一亮的地方。于丽穿了几天之后就想把它扔掉，然而却被在时装公司当模特的姐姐看到了，姐姐对她说："你既然是学美术的，为何不试着在'光板鞋'上弄个时尚、漂亮的手绘图案呢？那样看上去多有个性！肯定有人喜欢!"

姐姐的话让于丽深受启发，于是她便买来颜料，开始着手进行设计了。她在两只鞋上画了一个可以构成一只卷毛狮子狗的图案，又加了些闪粉及闪片，使得鞋子看上去十分华丽，个性十足！姐姐看到后，不禁惊呼："太酷了，这哪是鞋呀，简直是件艺术品！能不能帮我也绘一双?"

结果，没过几天，一群衣着光鲜的时尚女孩便找上门来，纷纷请于丽为她们做"酷鞋"。原来是她姐姐把那双手绘的鞋穿到了公司里，结果就被那些模特们发现了。模特们觉得这样的鞋子不仅漂亮，而且个性十足，便纷纷打听鞋是在哪里买的。

看着这些模特们期盼的眼神，于丽便依据她们的要求，分别为她们设计了个性图案。几天后，鞋子做好了。模特们一看到那些鞋子便兴奋地尖叫起来。这些鞋子千姿百态，时尚至极。

试过鞋子之后，模特们便拿出钱包付钱。于丽开价是 9 欧元。没想到，那些模特们在一阵嘀咕后，每人竟付了 100 欧元！于丽感到很不好意思，正要解释，一个女孩立马说道："你出售的不是鞋子，而是艺术。艺术是无价的!"就这样，于丽靠这些自己手绘的鞋子，3 天时间竟赚了 1274 欧元，折合成人民币将近 1.3 万!

而更让于丽大开眼界的是，虽然这些模特各个身价不凡，但她们却从不排斥"地摊货"，她们只在乎鞋子是不是有个性。并且在巴黎，最吃香的职业是技艺高超的裁缝，他们的收入不仅高得惊人，还特受人们的喜欢和尊重。如今，绝大多数巴黎的女性都是自己采购布料，让裁缝“量体裁衣”，这在巴黎已经形成了一种趋势。

于丽意识到，个性已经越来越成为了时尚的风向标。特别在有着国际时尚之都之称的巴黎，人们已经掀起了从购买成衣到手工制作的热潮。返璞归真、个性十足已经成为了现今贵族化的时尚品位。

忽然于丽有了个一个大胆的想法：既然人们如此崇尚个性，自己何不开家“个性鞋店”，专门出售手绘时尚鞋呢？于是，她便立马着手准备。很快，她就在塞纳河畔著名的“左岸”租了一个面积30多平方米的小店，将其装修成东方的风格，门前还挂了一对大红灯笼。这样充满民族特色的装修很快就吸引了人们的眼球。当她那些经过亲手绘制的图案绚丽多彩又各具特色的“酷鞋”刚被摆上橱窗，马上就吸引了一大批时尚女孩前来购买。在她们的口口相传之下，于丽的小店生意异常火爆。

于丽怎么也没想到，自己的手绘鞋竟然如此受欢迎。很快，小店的鞋就被抢购一空了，情急之下，于丽赶忙向一些学美术的中国留学生求援，雇佣她们做兼职彩绘人员。

除他们的即兴作品外，有的顾客还会提出一些特殊要求，比如在鞋上面画中国龙、狮子等。受此启发，于丽又从电脑里搜罗了很多极富个性的图片，如韩国的七彩珠图案、美国和日本的卡通系列，用来做手绘的参考资料。随着手绘鞋式样越来越多，于丽的鞋店也被越来越多的法国人，特别是被那些时尚女孩所知晓了，在她们的频繁光顾下，生意火爆异常。

5 创业模式

从小摊生意到全国连锁

在很多人看来，把一个小摊做成全国知名的连锁品牌简直就是一件不可思议的事。不过，这样的奇迹却在周鹏手里出现了。如今，一提起周黑鸭，恐怕是无人不知，无人不晓。就在几个月前，周黑鸭与天图创投签署了投资合作协议，获得了 6000 万元的注资。看来早已在全国炙手可热的周黑鸭，又要往前跨一大步了。

面对这样一个近似于神话般的奇迹，人们不禁会问，当年只是一个普遍打工仔的周鹏到底是如何把小摊生意做成今天响当当的连锁品牌的呢？

十年前，周鹏曾在武汉铭新街菜市场的一家酱鸭店打工，当时的他只有 19 岁。那时的工作十分辛苦：每天半夜就得起来卤鸭子，到了早上，再把做好的卤鸭挨个送到酒店里；每次送完货，都已过了中午，根本没时间吃早饭；匆匆吃过午饭后，还要继续去买鸭、宰鸭、腌制，晚上六七点再跑去酒店结账。对于这样的生活状态，周鹏心里很不满意，他一心想着要改变现状。

周鹏的第一次创业是在1995年，这一年，他打算露天卖煮酱鸭。如何进行销售呢？当时他模仿一个温州的酱鸭店老板，去给酒店送货。不过，他很清楚，自己的酱鸭跟那个温州老板的酱鸭比起来，无论是在颜色、味道，还是知名度上，都远不如人家。于是，他便耍了一把小聪明。第一次去跟酒店老板谈生意时，他拿的是温州老板的酱鸭，结果酒店老板一眼就看中了。从那以后，周鹏就开始往酒店送酱鸭。可是，渐渐地，酒店老板发现酱鸭的质量不如以前了，于是就和周鹏解除了合约。

但周鹏并没有就此放弃，他发誓一定要把酱鸭做好。于是，他开始频繁地往香料市场上跑，去找香料老板请教香料的味道、功效，甚至还借来香料古书，逐字研究。同时还买了数百只鸭反复进行试验。可做了一段时间之后，他发现自己的酱鸭虽然味道不错，但却不好吃。于是，他便特意去买回温州老板的酱鸭，经过研究，他发现这个温州老板所用的鸭子都是土鸭，而土鸭生长周期长，所以耐煮、容易入味。因此他开始选用土鸭做原料，于是做出来的酱鸭不仅颜色漂亮，而且味道还很特别。它有着淡淡的卤菜香和糖果香，让人吃后，久久不能忘怀。

接下来，他又开始给酒店送货。可让他失望的是，很多酒店经常无故拖账，导致他手头现金难以快速回流。

于是，他决定不再给酒店送货了。1997年，周鹏在武汉的一个集贸市场里，摆起了小摊继续卖酱鸭，他还给自己的店铺取了个名字——“周记怪味鸭”。由于他的酱鸭价格便宜，味道又好，吸引了很多顾客。到年底结算时，周鹏竟然净赚了1万多元。

到了1998年，周鹏的生意更是芝麻开花节节高，生意最好时一天竟卖掉了500多只酱鸭。看着生意越来越红火，周鹏马上又在大江路菜市场开了第二个摊点。这一年，周鹏赚了30多万元。

2002年，周鹏决定到北京闯一闯。很快，他的“周黑鸭”酱鸭店就开张了。不过，他却屡屡碰壁。直到2004年，情况才有了好转。那时他了解到重庆有家做卤菜的“棒棒鸡”已经有几十家店面，这家店有个特点：只做直营，拒绝加盟。周鹏从没想过卤菜居然也能做这么大，于是便对自己的酱鸭品牌充满了信心。

他看到很多同行都在开加盟店，心想：“我们的酱鸭味道比他们好，质量比他们高，并且有很多亲戚想加盟。为何不尝试一下呢?”于是，信心十足的周鹏又开始积极尝试。

2005年，周鹏想要进一步扩大规模。但问题却出现了，虽然产品质量没有任何问题，可自己一方面缺人手，另一方面也缺场地。于是，他又花费了大量资金，扩建了厂房。

2006年，周鹏正式成立了湖北周黑鸭食品有限公司。一年之后，他开始组建新的核心团队，管理团队扩充为5人，同时还进一步细化了生产流程。他规定，从腌制、烤制、卤制等各个流程都必须按照标准化操作。工厂每个车间均设有生产控制点，鸭子有批次和记录，从生鸭处理到熟食车间，再到品控和包装，每道工序都有专人负责。包括卤水和调料的配制也是经过严格的标准化把控。通常一只鸭子从半成品到成品，需要8个小时经过36道工序。

公司又根据市场调查对产品进行了重新定位，产品由原来的餐桌食品转化为以鸭类产品为主的休闲零食，消费群聚焦在15—25岁的女性。然后围绕这一群消费群有针对性地开发产品、推广品牌。

2008年，公司进入快速发展的一年，员工规模从60多人快速扩张到400多人，店面也由8家增长为50多家，销售额也突破亿元。现在，周鹏的店面多达 200 多家，遍布湖北、江西、湖南、北京、深圳，此外，他们还在武汉、深圳、南昌建立了生产基地。

周鹏的成功，正是源于他抓住了在别人看来不起眼的小机会。机会对于所有人来说都是均等的，抓住了它，也许就会有成功的可能，但错过了它，就必然无法成功。

6 创业模式

臭豆腐“炸”出大商机

在这个世界上，能赚钱的生意有很多，对于创业者来说，倘若能够抓住其中的一个机会，就有可能获得成功。

有一个名叫吴利忠的人就瞄上了油炸臭豆腐的生意。

在浙江上虞的松厦镇，有一家专门卖臭豆腐的小摊。别看这个摊虽然小，名号却很大，在当地，几乎是无人不知，无人不晓。小摊的主人名叫沈天智，他从 17 岁就开始炸臭豆腐，到如今，已经整整炸了 60 年。他的臭豆腐味道极好，甚至当地的很多孩子都是吃着他的臭豆腐长大的。

吴利忠便是这些孩子当中的一个。他每次路过小摊时，都要吃个够。一直以来，他都很纳闷，就这么一口锅子，一个煤炉，为什么就这个小摊的臭豆腐最火呢？突然，一个念头从他的脑海中冒了出来：如果把这门技术经营起来，会怎么样呢？于是，吴利忠决定去找沈天智拜师学艺。

就这样，他前前后后跑了不下几十次，最后终于说服了沈天智收他为徒。沈天智答应教他一个月，于是他便每天跑20多里的路到沈天智那里学习。由于沈天智通常都是早上三点起来做豆腐，所以吴利忠只能凌晨两点起来赶去学。

一个月之后，吴利忠也开始学着师傅，一个炉子，一口锅子，在小巷里摆了小摊炸起了臭豆腐。而此时，他已经有了另外的点子。

2002年4月，一个名为“六十年老磨坊”的臭豆腐专卖店在上虞市区正式开业了，作为中国第一家臭豆腐专卖店，这个消息立马轰动了整个上虞城。吴利忠给臭豆腐定了价：5元钱8小块。虽然价格有点贵，但却吸引了不少人。开业第一天，前来购买臭豆腐的顾客就排起了长队。这可把吴利忠乐坏了。

在很多人看来，吴利忠的成功似乎是顺理成章的，其实这都是他精心策划的结果。就拿店名来说，他都是花了心思的。取这个名字，一方面可以显示他的孝心，为了纪念80岁老师傅六十载的臭豆腐生涯；另一方面还能显示出他的臭豆腐历史悠久，经久不衰。此外，吴利忠还在出售方式上，进行了创新。除了堂吃，他还提供包装外带，甚至还为臭豆腐量身定做了一个包装盒——盒上面画的是几桌古人尝着臭豆腐，抿着绍兴酒，不仅看着漂亮，还能拿得出手，而这也是关于臭豆腐的第一个包装。

虽然生意一直很红火，但吴利忠却并不满足，他想继续把店做大。机会终于来了。2003年的10月，为了进一步宣传正宗的绍兴传统小吃“臭豆腐”，绍兴“鲁迅故里”面向全社会展开了“谁能做绍兴最香的臭豆腐”的征集活动，活动规定最后的赢家将获得绍兴第一名小吃“三味臭豆腐”的经营权。一时间，各地上百名“臭豆腐”制作高手云集一地，打算一争高下。吴利忠自然不会放过这次机会。这次比赛不仅要考查报名者炸臭豆腐的技艺，还要求进入前五名的选手要提交一份经营臭豆腐店的计划书。

在这些计划书中，吴利忠的计划书是最扎眼的，他说他要把臭豆腐店以连锁专卖的形式加以发展，有统一的店内装潢设计，统一的包装盒设计等等，计划书厚厚一叠。经过一个多月的激烈角逐，最终，吴利忠以绝对优势成为了“三味臭豆腐”的掌门人。而这次“比武大赛”也使他从此名声大振。从开业第一天起，“三味臭豆腐”店就火了。

吴利忠趁热打铁，没过多久，就在绍兴的古玩市场和鲁镇两地，以“吴字坊”为名，开办了臭豆腐店。生意异常火爆，特别是到了旺季，队伍一排就是好几十米。此时，吴利忠每天的营业额高达 2 万元。

接下来，吴利忠想的是要在全国开连锁店。不久，吴利忠向当地工商申请注册了商标——吴字坊，同时还申请了炸臭豆腐技术的全国专利。在连锁推广上，吴利忠选择了地区代理的经营方式，这样可以省去很多麻烦。

如今，吴利忠在全国已有 60 个地区代理，共 200 多家连锁店。每年光是加盟费和管理费的收入，就多达百万。

7 创业模式

小杯子里的大生意

在很多人看来，一家咖啡店能成功，关键是在于它的咖啡本身。例如当今世界咖啡巨头星巴克，它之所以能够在世界咖啡领域里做得风生水起，便是因为它的咖啡具有着独一无二的特点，从而吸引了全世界消费者的目光。

然而，有一家咖啡公司，它的成功却不是源自它的咖啡，而是它非同一般的商业模式。正是通过这种商业模式，这家咖啡公司脱颖而出，成了众多饮品制造商竞相追逐的合作对象。如今，这家咖啡公司已经成为全球排名第二、增长速度最快的企业，并大大地超越了咖啡领域的其他竞争者。这就是著名的绿山咖啡。

也许在很多人眼里，在绿山咖啡是无法和星巴克相提并论的，但事实上，这家公司四年来股价狂飙了九倍，已经远远超过了星巴克。一直以来，绿山咖啡所走的是一条与星巴克完全不同的路。星巴克一向注重“品味”，而绿山咖啡却更注重实在的东西——除了品类丰富的咖啡之外，他们还发明了一种名叫克里格的单杯咖啡机以及跟它配套的咖啡K杯。

这种K杯一面世，就受到消费者热烈的欢迎。如今，在美国，每天大约有300多万个K杯被消费。截至2010年的前三个季度，K杯的销售数量已经多达6.83亿个！

那么，这种大受欢迎的K杯是如何被发明出来的呢？想到这个创意的，便是公司创始人彼特·卓根和约翰·斯里文。在当时，人们要想喝咖啡，不仅要磨咖啡豆，还要称量、清洗。整个过程很麻烦。难道咖啡必须一定要这样喝才可以吗？于是，他们便发明了一次只冲一杯咖啡的克里格K杯包装。

为与K杯这种包装形式相配套，公司还专门研发了一款单杯咖啡机。只要把K杯放在咖啡机里，一分钟之后就可以喝了。这种单杯咖啡机，不用磨咖啡豆、不用称量、不用清洗、杯底无残渣、每次正好冲一杯，使用者也不用担心是否把材料放多了。

这种咖啡机的售价是每台100美元左右，24个K杯装咖啡共卖12美元，合50美分一杯，只有星巴克的十分之一。

然而真正让K杯和单杯咖啡机发扬光大的，却不是卓根和斯里文，而是绿山咖啡的创始人鲍勃·斯蒂勒。鲍勃·斯蒂勒何许人也？绿山咖啡又是干什么的呢？

那是1980年的一个下午，这一天，鲍勃·斯蒂勒正在一个溜冰场里休息，此时的他刚刚做成了一笔生意，赚了很多钱，于是就想拿这些钱去做点别的生意。

在溜冰场的壁球馆里，他遇到了一个咖啡店老板，于是便被这位老板邀请到自己的咖啡店喝咖啡。斯蒂勒刚喝第一口，就被这美味的咖啡彻底征服了。于是，他便打算将这家咖啡店买下来。经过几天的软磨硬泡，他正式成了这家小店的主人。

作为一个商人，斯蒂勒有着商人特有的直觉，他认定这是一个好想法，同时他敏锐意识到，对于美国人来说，没有人会拒绝一杯质量上乘的咖啡的。于是，在1981年，绿山咖啡烘焙公司正式成立了。

斯蒂勒是个务实主义者，为了把咖啡店做大，他给自己制定了“三步走战略”。第一步：向高端市场迁移，出售高品质的阿拉比咖啡豆。80%的利润来自20%的消费者。在他看来，要想在这个领域站住脚跟，就必须笼络住真正的咖啡爱好者。第二步：1986年，成立环境督导委员会，同时通过设立回收计划，以此削减公司资金近一半的浪费。第三步：专注于流水线生产，并把一些现代理念引进公司。1989年，斯蒂勒为咖啡烘培专门花费30000美元安装了电脑系统，从而使得每个咖啡豆都能有最佳的风味。其条形码和库存跟踪技术则更大限度地提高了咖啡豆的销售额，并保持了零售店库存的新鲜。通过在制造和会计管理方面引进IT系统，他提升了企业与供应商及分销中心的沟通效率，从而为绿山咖啡与大型连锁店合作提供了可能。

经过斯蒂勒的一番苦心经营，绿山咖啡的销量节节走高，到了1993年，销售额已经达到了1000万美金。于是，斯蒂勒便开了他的第九家分店。

众所周知，在20世纪90年代中期是星巴克势头最旺的时候，它几乎主宰了整个美国咖啡零售业界。

面对如此强大的对手，斯蒂勒并没有退缩，他一心想着开辟自己的战场。一个好的创意通常都是在不经意间冒出来的。一次偶然的机会，斯蒂勒听到一位员工抱怨：每次去客户公司，都要被迫喝难以入口的速溶咖啡。听到这儿，斯蒂勒马上灵光一闪：“为什么不把我们的美味咖啡卖进办公室呢?”

于是，他便立刻与办公用品供应商史泰博取得了联系，双方很快就达成了合作协议。1997年，绿山咖啡正式进驻史泰博北美600家办公用品超市，并进入其邮购目录，通过这个渠道输送超过 45 万公斤的咖啡。绿山咖啡从此迈出了进入办公室市场的第一步。随后，绿山公司又和波兰春公司联手，进入了其在美国东北地区的办公室。斯蒂勒不愧是一位嗅觉敏锐的商人，事实上，大多数企业都很乐意安装这一系统，因为安装这个系统，可以避免员工以“办公室咖啡太难喝”为由溜到外面去喝咖啡。

有了史泰博这类实力雄厚的合作伙伴，斯蒂勒的野心变得更大了。1998 年，他开始把战略重心转移到了与批发商的合作上。

这次，他选择的是埃克森美孚加油站和 Stop&AMP 便利店。一直以来，这些便利店都是被像星巴克这样的大牌咖啡制造商所忽略的，然而在斯蒂勒看来，这些不被看好的便利店却比金子还珍贵！

经过一番艰苦的谈判，最终双方在 2001 年，正式签署了一项为期五年的合同。合同规定埃克森美孚要向绿山提供 1600 个便利店，并保证 5 年内绿山在该领域的霸主地位。2003 年 12 月，Stop&AMP 超市公司在其 300 多家商店里也摆上了绿山咖啡。

通过走加油站、便利店这种平民化的路子，绿山进一步扩大了自己的影响力。这时，广大消费者惊喜地发现，原来美味的咖啡是不需要在咖啡店里正襟危坐地品尝，而是可以随时随地都能享受的。

初战告捷，野心勃勃的斯蒂勒立刻又开始了新一轮的圈地活动，这时，他的目标是超市、旅馆、飞机场、轮船和火车站。

在批发网络日渐成熟之后，斯蒂勒又开始寻找另一个发展机遇了。这时，斯蒂勒把大手伸向了克里格的单杯咖啡机和 K 杯。历史性的时刻终于到了！2006 年 6 月，绿山咖啡以 1.043 亿美元将克里格公司正式收归门下，从而获得了其咖啡机及 K 杯业务。

收购一经完成，斯蒂勒便锁定了单杯咖啡机市场，他将业务分为了两大块：绿山咖啡和克里格咖啡机。2008 年绿山的 K 杯销售量首次突破 10 亿个，2010 年前三个季度累计销售量已达 6.83 亿个。

而克里格之前使用的权益金模式也被斯蒂勒玩了个风生水起——允许其他咖啡、茶或热可可生产商采用 K 杯包装，在克里格咖啡机上使用。他们只需为此向绿山支付权益金 6 美分 / 杯。

K 杯这下可牛气冲天了——它把咖啡范畴以外的饮料也都纳入了自己的体系——越来越多的饮品制造商企图让自己的产品进入 K 杯市场。一时之间，K 杯俨然已成了为咖啡界的“利乐包”。

此时，斯蒂勒将克里格咖啡机全部交由拥有“世界工厂”之称的中国大陆厂商制作。这使得其生产成本得到了进一步下降，终端销售价格也随之下降，继而带动了销量。这种良性互动模式使得绿山咖啡的股票一度飙升，成为了最昂贵的股票之一：股市的市盈率大概在 45 倍左右。

2010 年 8 月，在美国《财富》周刊评选出的全球发展最快公司中，绿山咖啡已然站在全球第二的位置上傲视群雄。斯蒂勒这个做卷烟纸生意出身的实干家，凭借其贩卖的小小 K 杯，正在跨界掀起一场咖啡业的新业态革命！

8 创业模式
苦尽甘来的“大豆人生”

现在，豆浆已经成了很多人生活中不可缺少的饮品之一。它营养丰富、口感好、便于携带、价格便宜，所以深得人们喜爱。对于所有爱喝豆浆的消费者来说，“永和豆浆”算是大名鼎鼎、有口皆碑。在中国大陆的很多城市，都有“永和豆浆”的连锁店。每天光顾这些连锁店的人络绎不绝，生意十分兴隆。

很难想象，这样一杯普通的豆浆，到底是如何被做成一个影响巨大的品牌的呢？这就要归功于“永和豆浆”的老板——林炳生的眼光和经营智慧了。

了解他的人，都知道他是一个极其会捕捉机会，并且能够迅速地将机会转化成大生意的人。而“永和豆浆”这个如今尽人皆知的豆浆品牌，正是林炳生一手打造出来的。

说起永和豆浆的渊源，就要追溯到20世纪50年代初。在那个时期，很多当年离开大陆去台湾的老兵在退役之后，生活变得异常困难。为了养家糊口，这些没什么其他工作能力的老兵，就在台北与永和间的永和中正桥边，搭起简单的铺子，开始卖快餐早点。这些快餐早点包括豆浆、烧饼、油条。随着开店的人越来越多，这里便形成了一个专门供应早点的摊铺。这些老兵的手艺十分地道，磨出的豆浆新鲜营养、香浓可口、做出的烧饼油条色泽金黄、松软酥脆。所以，很快以豆浆为代表的永和地区的小吃就盛名远播，甚至传遍了全岛。尤其是永和豆浆，一说起这个名字，没有人不知道的。

然而，虽然这样些小吃很受顾客喜欢，但由于是手工作坊式的生产，随着那些老兵们渐渐离去，小吃的质量也日渐下滑了。永和豆浆也不可避免地失去了往日的市场，甚至在很多人眼里，永和豆浆和街头巷尾的豆浆摊贩已经没多大区别了。这便引起了林炳生的注意。

林炳生小时候就是喝着永和豆浆长大的，对永和豆浆有着深厚的感情。他十分不愿意看到永和豆浆就这么一蹶不振，而消失在人们的视线中。于是，他便有了重振永和豆浆雄风的打算。他认为这是一次难得的机会，想以“永和”为品牌来经营他的豆浆事业。

林炳生 1958 年出生于台湾金门，自打出生起，家里的条件就很一般。在他 6 岁那年，全家随军迁往马祖岛。这是一个面积很小、人口很少的小岛。

在马祖岛，林炳生读完了小学和中学。高中毕业后，林炳生的家里有了一条二手船，父亲出于跑船运的考虑，便让林炳生去海事学院就读，准备毕业后子承父业。

毕业之后，林炳生应征入伍，服了两年兵役。22 岁时，退役返乡。他本想回去经营那条二手船，不成想那船沉了。林炳生一时没了着落。后来，他得到了一个去美国胜家的台湾分公司做业务员的机会。

这是一家生产缝纫机的公司，为了推销缝纫机，林炳生跑遍了台北的大街小巷以及菜市场。因为他善于沟通、能说会道，半个月不到，他就卖出了一百多台缝纫机。因为业绩突出，一年后，他当上了销售主管。三年后，他就成了一名中阶主管。但林炳生并不想一辈子就靠卖缝纫机为生。于是，他辞了职，做起了房屋中介。

1983年，林炳生听说台北市区一家豆浆铺要转让，要价为60万元新台币。于是便立马过去一看究竟。让他没想到的是“永和豆浆”的注册商标也在转让之中，这让他兴奋不已。很快，他就凑够了钱和两个朋友把豆浆铺和商标一起买了下来。

林炳生的豆浆事业从此迈出了第一步。为了生产豆浆，他和两个朋友没日没夜地干，没有一刻停歇，十分辛苦。两个合伙人因为受不了这个苦，便相继退了股，只有林炳生坚持了下来。他不仅能吃苦，还是一个有野心的人，他认为仅仅一碗一碗地卖豆浆，不会有太大发展，于是他打算做通路市场。

接下来，他就开始四处推销。为此，他跑遍了台北的社区福利社、便利店。刚开始，一部分学校附近的便利店同意试销永和豆浆，再后来，每天最多可以做到两千多瓶的销量。这让林炳生看到了出路，他觉得这条路是可以走通的。

冬天一到，学生们对瓶装热豆浆需求变得更大了。为了提高产量，林炳生特地研究了一套半自动化设备，这套设备可以自动封口，也不需人工冷却，用着十分方便快捷。

林炳生十分注重豆浆的质量。他规定凡是不合格的豆浆，都必须扔掉，不得销售。为了解决瓶装豆浆的质量问题，他特地考察了岛内的很多大型食品企业。随后，他便展开了与高校研发机构的合作。很快，这种瓶装豆浆就被广大消费者接受了。

1987年，林炳生在台湾汐止成立了永和豆浆汐止工厂。1990年，他又在彰化北斗工业区购买了一处厂房。而更让林炳生兴奋的是，此时的永和豆浆还获得了 GMP 的认证。林炳生的豆浆事业呈现出一片欣欣向荣之势。

随着生产规模的不断扩大，永和豆浆先后推出的豆浆、米浆保久系列，保质期可达一年。此时，日本、美国、加拿大、法国等国的市场也为永和豆浆打开了大门。据统计，到 1996 年，永和豆浆每天可以做到 1 万多瓶的实销量。

很快，林炳生又一改豆浆只在小铺里卖的销售传统，包括 1000ml 的家庭装豆浆、米浆保久产品、与日本久津企业策略联盟合作生产的波密鲜果汁系列等产品矩阵式地投入了市场。到 1988 年，永和豆浆的销售额已高达几亿元新台币。

此时的林炳生又把眼光放在了大陆市场。通过在大陆发展台商，林炳生先是委托代工了一批豆浆产品，然后开始在武汉、成都、厦门等地进行试卖。结果，反馈很不错。于是，在 1999 年，林炳生便把弟弟林建雄派到了上海，准备把上海当成是进军大陆的第一站。

由于此时永和豆浆在大陆的名气不大，林炳生认为走通路的方式会消耗大量资金，于是他决定通过开连锁店的形式打开市场。随后，他便在上海常熟路开了第一家直营店。新店一开张，就吸引了众多顾客前来光顾。这让林炳生分外高兴，同时，他也开始筹划在全国各地建立他的分店了。

2012 年，永和豆浆全国门店数已经达到 500 家，这一业务板块的终端销售额达到 15 亿元人民币。

善于抓住机会的人，往往是离成功最近的人。任何一个大生意，都来源于一个微小的机会，认识到这一点，对于广大创业者来说是至关重要的。

9 创业模式

让普通人尽享绘画之乐

如今人们的生活节奏快，压力大，人与人之间的交流，很多时候都呈现出一种竞争性质。即使是那些供人娱乐的游戏，也大多都让人有一种竞争的感觉。这样就使得本来想在游戏中觅得一份悠闲的心情也变得困难了很多。但有一种游戏，却和很多游戏有着本质的区别，它追求的是让人们在游戏中体会合作的乐趣，而非竞争。这款游戏名叫《Draw Something》，中文译名为：《你画我猜》。

该游戏的发明者名叫丹·波特——美国 OMGPOP 公司的 CEO。丹·波特是一个细心观察生活的人。对于每个大人来说，都有陪孩子玩游戏的经历，丹·波特也一样。而丹·波特制作《Draw Something》的灵感，正是来自于他的一次陪孩子玩游戏的经历。

一次，他陪儿子和儿子的朋友在布鲁克林展望公园玩一种游戏。游戏规则是：儿子和朋友将球来回抛 100 次，倘若没有落地的话，他就会给他们两人买冰淇淋作为奖励。灵感在这一瞬间突然冒了出来。

丹·波特意识到如果开发一种理念为“玩家们相互协作共同做到某件事”的游戏的话，也许会受到人们的喜爱。随后他便和公司的五名员工着手开发这种名叫《Draw Something》的游戏。

这款游戏跟很多美国现时流行的游戏，比如《Angry Birds（愤怒的小鸟)》、《Words With Friends（填字游戏)》和《Temple Run（神庙逃亡)》，有很大的不同。《Draw Something》更强调它的社交属性。像《Angry Birds》和《Temple Run》虽然也很受欢迎，但却是单人游戏，所有游戏体验都是设计好的；而《Words With Friends》则要求玩家必须在一个固定的游戏板上玩。和它们不用的是，《Draw Something》的核心理念是沟通，它是一个结构或一个平台，用户能够通过画画和共享个人体验，来彼此进行沟通。最重要的是，这款游戏，不需要玩家具有高超的绘画技巧，它的乐趣(尤其是与熟人之间)只在于猜测对方的心理以及考验彼此的默契。而作为作画的一方，也可以随便发挥。另外，这款游戏采用的是单对单的模式，这可以使得玩家的时间碎片化，即突破了玩家双方必须同时守在各自手机前作画的限制。当你画好后，对方的终端能收到推送消息，并在空闲时随时游戏。在游戏中，可以看作画过程，以及看对方花了多久猜出单词的过程也为玩家增添了乐趣。

玩家可以通过对方猜对单词的数量获得相应金币，但游戏本质上没有比分、输赢和排行榜，而是注重合作，创意和自我表达，并把竞争最小化。

丹·波特说：“我们想为那些手机上不安装游戏的用户制作游戏，因为只有那样才能获得大量的用户。很多人的手机上并没有安装游戏，对于他们而言，玩游戏很累，很紧张。《Draw Something》完全没有输赢的概念，我们只希望这是一款让大家大笑的游戏。”

如此一个充满创意的设计，竟然只是来源于一个小孩子玩的游戏。丹·波特不愧于是一个对机会敏感的人。

如今，这款游戏已经风靡全球，据统计，在登录 iOS 和 Android 系统之后的 6 周里，下载量超过 3500 万次。目前，该款游戏应用每天增加用户 100 万，每日产生的收入达到 6 位数。在 79 个国家和地区的手机游戏排行榜上，它排名第一。据估算，每一秒钟，全球就有约 3000 个玩家同时在游戏中作画。

而在此前，一直牢牢地占据着游戏榜首位子的则是总部设在旧金山的社交游戏公司 Zynga 所设计的游戏，这些游戏在 Facebook 上一直都具有很强竞争力的。

由于这款游戏强劲的市场吸引力，它很快就引起了 Zynga 公司的注意。该公司认为 OMGPOP 公司具有着巨大的发展前景，倘若将其收购，也就等于是把钱袋子握在了手上。于是，他们便和 OMGPOP 公司进行了收购谈判，最终以 1.8 亿美元成功将其收入囊中。同时，该公司还花费了大约 3000 万美金用于支付 OMGPOP 员工的留任奖金。

对于这家充满生命力的公司，Zynga 公司如获至宝，赞不绝口。一位负责公司手机领域的高级副总裁说："《Draw Something》是有史以来最具社交性和表现力的手机游戏。它激发了人的创造力，一丝怀旧感和孩童般的好奇心。"

他认为，现在许多游戏都想用创造性的方式综合玩家生成的内容，《Draw Something》便是依靠玩家生成的内容，不断建立其独特社会竞争力和无与伦比游戏体验的最好例子。

对于年过花甲的丹·波特来说，这款游戏的成功，也为他的事业打开了一扇窗。其实，早在 2006 年 OMGPOP 公司就已经成立了。公司在成立初期，主要做网页版的多人在线游戏，但不幸的是，他们所开发出来的游戏都不敌

Zynga 公司的游戏。在 Zynga 公司的强势竞争下，OMGPOP 公司已经到了步履维艰的地步。直到《Draw something》这款游戏出现，OMGPOP 公司才迎来了曙光。

如今，丹·波特正计划对这款游戏进行进一步的完善，比如产品将会增加聊天、颜色、图片保存等基本功能，这会让这款游戏的效果越来越好。

对于像丹·波特这样陷入困境的人来说，一个小小的机会就是一根救命稻草，它能够在人最绝望时，给人带来光明。而对于所有满怀梦想的创业者来说，如果能像丹·波特那样，从某一个细微之处，挖掘到一个哪怕是极其微小的机会，也许未来就会是另一番光景。总有一些人认为一个小小的机会，难以成大气候，然而，看看那些已经成就了一番事业的人，谁不是从一个小小的机会开始的呢？

10 创业模式

衰退的产业同样有商机

众所周知，音响这种电器，在十年前曾是当时最为流行的家用电器之一。但仅仅过了十年之后，随着很多新兴的家用电器的出现，音响已经渐渐淡出了人们的视线。大约从1998年开始，音响行业便已经呈现出一片低迷之势。我们会发现，当彩电、冰箱等传统电器的家庭普及率在城市和农村不断提高时，家庭组合音响和家庭影院的需求量却在不断减少。在这种情况下，导致很多专门生产音响的企业也陷入了危机之中，无法自拔。

音响市场为什么会如此低迷呢？原因并不在于这些公司的技术或者产品的品质有问题，而是消费者消费习惯的改变所导致的。在如此惨淡的市场环境下，很多国产品牌音响制造商为了求得生存，有的选择咬紧牙关继续坚守，有的则选择上行至高端的Hi-Fi音响市场，或是退缩为国外品牌的OEM商。

然而却有一个公司是个例外，他在如此低迷的音响市场里，寻找到了商机。这家公司就是成立于1996年的北京漫步者股份有限公司。作为音响行业的后来者，公司从一开始就预感到了这一行业所潜藏的危机。

对于漫步者股份有限公司来说，进入音响行业实属误打误撞，尽管如此，却发展得很好，最终以40%以上的市场占有率成为了这一细分市场无可争议的领导者。此后，漫步者股份有限公司开始不断扩展自己的业务领域，从便携音箱、汽车音箱到耳机等市场，漫步者股份有限公司一路走来，顺风顺水。它在音响行业中传统的家用音响陷入下行通道时，却仍然能够不断找到新的高成长性细分市场，逆产业之势生长。那么，漫步者股份有限公司是如何做到的呢？在他们看来，商机无处不在，即使是在那些衰退的产业里，也同样存在。

在20世纪90年代之前，Hi-Fi音响一直广受国内消费者的热捧，而占有着极大的市场份额。它的兴起满足了当时消费者对高档视听设备的渴望，由于当时人们还尚未将住房和汽车列入到自己的需求列表里，而更多人都对"音响发烧友"这一形象羡慕不已。于是，对于这些人来说，拥有一套总价不菲的音响设备就成了他们最自豪的事。在这种情况下，Hi-Fi音响就为那些收入有限的消费者设立了一个相对较低的消费门槛。

而在此过程中，像爱华、健伍、先锋和索尼等日系音响制造企业便迅速占领了大众消费市场。到了20世纪90年代的中期，价格昂贵、操作复杂的Hi-Fi音响以及其低价替代品便逐渐被推向了市场边缘。虽然Hi-Fi市场依旧存在，但却已经越变越小了。大部分市场份额都逐渐集中到了几大国际品牌手中，在这种情况下，国内的Hi-Fi企业不得不退身为国外品牌的OEM商，或被迫辗转其他领域，另寻出路。

1994年，张文东开始涉足多媒体音箱行业。此时的他看准的不是PC音箱，而是一个在中国市场上大起大落的行业——VCD。张文东是一个不折不扣的音响“发烧友”。当时，他所使用的音响设备就是Hi-Fi音响。由于难以忍受塑料音箱的低劣音质，以及动辄上万元的价格，张文东突然有了自己动手制作音箱的冲动。他发现，如果合理选用材料，并模仿Hi-Fi音箱的内部结构加以改进，手工制作出来的木质音箱音质基本可以达到Hi-Fi音箱音质的70%-80%，但成本却只需后者的10%-20%。同时，“一对有源音箱＋一台VCD机”的简易视听组合由于结构简单，声音在传输过程中不会掺入太多噪音，反而能比音响组合获得更为纯净的音质。这让他兴奋不已。于是，他便和同伴一起用手工打造了第一批能直接与VCD机或随身听相连的带功放音箱，并且以400元的售价推向了市场。结果一上市就被抢购一空了。

张文东意识自己的机会来了，于是，在1996年，他便创立了漫步者股份有限公司，开始正式踏入多媒体音箱行业。

到1997年后，Hi-Fi音箱的市场更加萎靡不振了，但对于大多数Hi-Fi音响制造商来说，多媒体音箱市场仍是一个单品利润低、成本控制要求高的非主流市场。当时，国内主要的多媒体音箱制造企业大都是计算机外围设备的生产商。与其主营的鼠标、键盘等基础外设相比，多媒体音箱虽然不是计算机的必要外设，但其单品利润却比基础外设要高出许多。而在这些外行人眼里，生产多媒体音箱根本不是什么难事，只要弄对喇叭加个功放，插上音源能响就可以了。这样的想法，导致他们所生产出来的产品质量极差。

在张文东看来，这些所谓的音箱根本算不上是音箱，充其量是一个“会发声”的盒子。出于对质量的追求，在1996年，漫步者股份有限在国内率先推出了全木质、全防磁音箱，并独创了动态高音提升电路，以改善电脑音源高音较弱的缺点。这些技术在当时都是处于领先地位的。

此后，张文东开始不断地对音箱进行改进。为了进一步让消费者感知到“小个子”的多媒体音箱也能产生出类似Hi-Fi的音质，漫步者股份有限在扬声器的设计上没有采用日系音箱大喇叭小磁缸的“唬人”设计，而是保留了扬声器后部的长冲程大磁缸，以保证音质的纯正。另一方面，在音箱箱体的选材上，漫步者股份有限公司也大多采用的是 Hi-Fi 音箱通用的中密度纤维板。在张文东看来，音箱箱体的设计不是一个简单的程序，它牵涉到大量的工业设计与音箱的专业知识。箱体大小、进深、尺寸、导向管的长度与位置、内部的电路设计，都决定着音箱最终的音质。

此外，扬声器盆面上采用什么样的胶，涂胶工艺的精致程度，甚至是生产线上听音、调音工人的水平，也都在很大程度上影响着音箱的音质水准。在张文东看来，一个好音箱要想吸引到顾客，就必须要有极高的辨识度。于是，张文东要求自己的团队，在制造音箱时，不必求快，而是要慢慢打造。结果使得漫步者股份有限公司的每一款音箱都持续热销。其最经典的一款 R1000TC 甚至在模仿者都相继退市的情况下依然热销近八年。

由于漫步者股份有限公司发展势头良好，张文东决定缩减 OEM 和 ODM 的订单数额，并在原先主打的 500-1000 元中高端多媒体市场之外，以漫步者的品牌在每一个价位段上(上至 1000 元以上，下至 100 元以下)推出主打音质和高性价比的产品。

2003 年，漫步者推出了第二品牌“声迈”，主打游戏音箱市场。传统的多媒体音箱在设计时主要考虑的是其在播放连贯的音乐时所具有的表现力，并不适合表现游戏声音，尤其是一些非常讲究声音的即时传出速度的探险类或军事类电脑游戏。例如，打出一枪之后，必须立即有低音发出。但随着电玩人群的不断扩大，张文东敏锐地感觉到玩家们对用传统音箱来营造游戏音效不甚满意的潜在市场需求。于是在接下来的声迈的系列产品中，漫步者改变了低音炮的内在结构设计，采用内藏式的气流团式设计，让低音的反应速度明显加快，并更能表现瞬间的爆发感。此外，为了吸引更多的顾客，漫步者还对价格进行了调整。如此一来，漫步者很快就成为了多媒体音箱市场的领导者。

然而，随着笔记本电脑的逐渐增加，越来越多的消费者开始用自带发声系统的笔记本电脑替换掉台式机，这让张文东意识到，音箱已经失去了一些用武之地。如何才能保住自己的市场呢？在他看来，唯有推出一些具有独特设计的音箱才能挽救音箱市场。

于是，他在2004年，请来画家出身的谢晓光担任漫步者首席设计师。让他负责设计音箱。谢晓光发现，尽管笔记本取代台式机已是大势所趋，但笔记本自身向着越来越薄、越来越轻的方向发展，也让发声系统成了制造商们迟早会压缩的组件。但好的音质必须要有足够的发声空间，音箱不可能做成像MacBook Air那样轻薄，还能发出令人为之震撼的音效。而同时，iPod等音乐播放器的流行，也让提供与之相配套的音箱产品成了企业设计部门需要攻克的一个新方向。

很快，在2006年，漫步者便推出了“Edifier Mobile”系列产品。这种产品满足了消费者可能使用音箱的不同环境与场合的需要，只有手掌大小的M1适合随身携带，体积和功率更大一些的M2则更符合对音质有更高要求的消费者的需要，而造型独特的M3则是为人们在家中使用笔记本而设计。

别具一格的工业设计使得漫步者在已经呈现衰退之势的多媒体音箱市场变的更加游刃有余了。2009年，M3的改进版本M3 Plus与另一款e20同时获得了德国“红点设计大奖”，它们甚至还打动了有着“时尚界凯撒大帝”之称的香奈儿与芬迪两大品牌首席设计师卡尔·拉格费尔德，使得他也成了漫步者的用户。

汽车音响是漫步者的下一个目标上。早在2006年，漫步者就提出了“无损换装”汽车音响的概念，并将目标市场准确地定位于20万元以下的经济型轿车。

目前，漫步者所提供的无损换装使用车型包括30余个品牌的100多个车型。尽管在推行无损换装的初期需要投入大量资金来开模具，但由于汽车的普及正如10多年前电脑的普及一样，一个巨大的汽车音响改装市场正在逐渐成形，而无损换装作为浅度改装的第一阶段，将成为大多数消费者的首选。

音频领域一直以来都不被人们所看好，但在张文东看来却并非如此。在他看来，头戴式、入耳式耳机，甚至是医疗领域中的助听器，从广义上来说都属于音频领域，而这些设备的最核心的技术就是喇叭的设计和制造。他认为，这正是漫步者的机会所在，尽管音响产业目前处于下行阶段，但人们并没有降低对声音的需求。

一个处于下行中的产业通常不会被人看好，甚至会遭人鄙弃，哪还有什么商机？然而，在漫步者看来，这样的想法却不免有些过于悲观了。只要有需求，就有商机，哪怕是一个衰退中的产业，关键是你能否找准这个机会。

11 创业模式 小火星到燎原之势

这是一个全世界都吹捧苹果产品的时代，苹果产品自从诞生以来，为自己积聚了数以亿计的粉丝。每天，在全世界的各个角落，都有苹果的粉丝在享受苹果产品给他们带来的乐趣。而在互联网领域，Google(谷歌)、Twitter(推特)、Facebook（脸谱）等网站以其雄厚的实力牢牢地占据着全世界互联网的重要席位。他们的用户遍布世界各地，而他们的未来更是一片光明。

那么，你是否曾想过，在这些巨头中间，找到一个属于自己的机会呢？有人就这样想了，并且他的梦想已经实现了。这个人就是凯文·希斯特罗姆，他因为开发了一个有关摄影的独特的应用而受到了苹果公司和谷歌公司这两个巨头的青睐。

这个应用名为 Instagram，简单地来说，它是一款最初运行在 iOS 平台上的移动应用，其允许用户在任何环境下抓拍下自己的生活记忆，选择图片的滤镜样式（Lomo/Nashville/Apollo/Poprocket 等 10 多种胶圈效果），一键分享至 Instagram、Facebook、Twitter 、Flickr 或是新浪微博的平台上。不仅仅是拍照，作为一款轻量级但十分有趣的 App，Instagram 在移动端融入了很多社会化元素，包括好友关系的建立、回复、分享和收藏等。

和 facebook 不同，Instagram 不是以一个以传统线下朋友关系为导向的应用，它是个以兴趣为导向的应用，它的定位是发掘用图像社交的价值。

如此一个富有创意的想法，凯文·希斯特罗姆是怎样想出来的，并将其发展壮大的呢？现年 27 岁的凯文·希斯特罗姆曾在 Twitter 的前身 Odeo 实习过，后来又在谷歌工作了三年。他是一个狂热的摄影爱好者，在此期间，他发现 iPhone 拍摄的照片效果似乎并不那么完美。如何能让照片的效果更好呢？此时凯文有了一种自行开发照片编辑软件的冲动。

在此之前，凯文在一家名叫 Nextstop 的旅行网站工作，主要负责市场营销等事务。然而，他却对编程技术很感兴趣，于是就在工作之余学习编程技术。

那时的凯文目标是要做一款 LBS 软件，包含类似于 Foursquare（一家基于用户地理位置信息的手机服务网站）那样的签到机制，也含有《黑帮战争》（“Mafia Wars”，一款著名的社交游戏）之类的娱乐元素。当时，这个项目被命名为 Burbn。他先是用 HTML5 技术做了一个产品原型，但经过测试后，发现效果不是很理想，于是，他便用了几个周末对它进行了改进，结果大获成功，在获得了 50 万美元的投资后，凯文决定辞职，开始全身心地对 Burbn 进行开发。很快，他就组建了一个团队，接下来的工作就是进一步改进 Burbn。此时它的功能包括：地点签到，定制签到计划，好友互动，上传照片等。

但在凯文看来，一个新公司只有集中精力做一件事，才能做到最好。于是，他便砍掉了很多原来的功能，只留下了照片、评论、分享等功能。就这样，Instagram 正式诞生了 。

Instagram 一诞生就迎来了开门红，而更为重要的是，它给人们的生活带来了重大转变。凯文曾说过："拍一个三明治为什么一定无趣？生活是非常有意思的，说无聊只是有人每天透过同样的镜头审视它。"

而很多 Instagram 的用户也感同身受。自从有了 Instagram，很多用户都开始关注起了身边的人和事。例如，一块普通的客厅地板，在特效镜头下让人仿佛置身荒野；街角的推土机，通过滤镜也会变身为疲倦的巨龙。总之，所有用户都可以通过 Instagram 随意将照片调成自己想要表达的情绪。

Instagram 的这种独特性为它迎来了很多支持者，甚至很多大牌公司都向它抛出了橄榄枝。

2011 年 7 月 21 日，贾斯汀·比伯加入了 Instagram，发了第一张照片给他在 twitter 上超过 1100 万的粉丝；英国烹饪大师杰米·奥利佛在上面发了晒雪后的日出、家人的合影和刚做好的荷包蛋；泰勒·斯威夫特也被这项服务深深吸引了，她经常会发些和猫在一起的照片；杰克·多西则总是把橙子、雪糕、皮夹子刻出 Suqare 的小方块图标拍下来发上去。它甚至还吸引了美国总统奥巴马的眼球，他把一些竞选中的幕后照片发了上去。

Instagram 的社群网站 instagrammers.com 每周会"挖掘"一个照片有特色的新人，并对他们的生活和摄影经历进行采访。

此外，Instagram 还受到了时尚品牌的青睐，Burberry、Club Monaco、Gucci、Kate Spade、Levi's、Marc Jacob 等品牌纷纷进驻 Instagram。他们经常会把一些近乎街拍风格的照片、品牌时装秀、新品上架、橱窗装置的照片发布上去。甚至还有很多品牌想让他们为自己量身订做一些特别的滤镜。而除了这些时尚品牌之外，像奥迪、ABC 电视台和国家地理也成了 Instagram 的粉丝，纷纷在上面注册了官方账号。

随着 Instagram 受到用户们如此热烈的追捧，凯文很快就发布了新版本，这个新版本风格精致了很多，其中一款能自动调节照片亮度、对比度和饱和度，调整之后照片的细节更加突出。让用户以视觉的方式来分享他们的生活是凯文最大的愿望。

很多人总是感叹机会难觅，其实，机会往往就藏在我们身边，关键是你有没有挖掘它们的智慧和勇气。如果你有一颗创业的心，那么就请从那些微小的机会上入手吧。古语说：“大风起于青萍之末。”那些看似微小的机会仿佛一颗火星，也许就会在你的手中发展成燎原之势。

12 创业模式 小名片，大生意

一个在别人看来再普通不过的名片，王雨豪却从中发现了商机。王雨豪——上海即略网络信息科技有限公司总裁，他之所以被人熟知，乃是因为他开发了一种名叫“名片碰碰”的应用程序。

这是一种什么样的应用程序呢？简单地说，它是一款基于地理位置进行电子名片交换的手机软件。如果两个或多个人现在用的都是 iPhone 或者谷歌 Android 系统的手机，并安装了这款软件，他们只要在一起相互碰一下手机或者同时摇晃一下手机，便可交换彼此的电子名片了。

可以说，这款应用程序的出现，彻底改变了用纸质名片交往的传统，它的便捷性和及时性，使得人与人之间的交往和沟通变得更加迅速而便利了。对于“名片碰碰”未来的发展，王雨豪一直充满了信心。

因为自从“名片碰碰”面世以来，受到了广大用户的一致热捧。

目前它的用户数已经多达30多万，活跃用户约10万左右，其中有的用户一天内的使用频率多达几十次。而在一年不到的时间里，名片碰碰就更新了3次版本。随后，王雨豪又与三星合作开发了名片碰碰4.0，在三星移动应用平台全球首发，同时，还在苹果App Store、Android Market及其他安卓市场发布。

如此良好的发展势头，自然也招来了不少投资公司的青睐。例如像红杉、贝塔斯曼、鼎晖、IDG等机构都纷纷向王雨豪表达了投资意愿。很快，王雨豪就获得了一两百万美金的投资。

对于王雨豪的成功，很多人都心存疑问，他是怎么找到这个机会的呢？名片这个东西，现在的人没有不知道的，使用它的人更是比比皆是。却没有一个人想到在它身上做文章。其实，王雨豪是一个对机会特别敏感的人，他拥有着敏锐的商业嗅觉。他的灵感正是来源于美国的一家公司在2009年推出的一款叫Bump的移动应用程序，用户运用这种程序，智能手机之间只要相互碰一碰，就能交换电子名片。

这款应用程序对于王雨豪来说，可谓是为他指明了出路。联系到自己使用传统的纸质名片所带来的种种不便，王雨豪便有了一款应用程序的冲动。随后，他对Bump进行了仔细的研究。他认为Bump满足了一个社会的“强需求”，而这种“强需求”是巨大的：目前，Bump的下载量已经超过5000万，最近30天内的活跃用户达到1000万;在苹果的App Store中，Bump在美国下载量排名第七，在日本位居第三。45%的新用户是老用户口口相传发展来的。

而直到2011年，国内市场上还没有一家公司开发类似的产品，这让王雨豪觉得他的机会来了。

在确定了自己的研发目标之后，王雨豪开始着手进行研发了。经过几个月的技术研发，到 2011 年的 6 月 21 日，名片碰碰的第一个版本正式上线了。这个版本的名片碰碰功能十分简单：只能实现电子名片的相互交换。

考虑到 Bump 早已开拓了名片交换以外的多种功能。王雨豪也给自己规划了三个发展阶段：第一阶段主要致力于将产品做的简单、易用，从而实现快速传播。第二阶段是专业化阶段。除了 iOS 和 Android 系统的手机以外，他打算让名片碰碰将适用于更多种类的智能手机。同时在产品的稳定性、安全性等方面进行改进。

看得出来，王雨豪对于“名片碰碰”的未来充满了信心。然而，“名片碰碰”却不是王雨豪的第一次创业。最早的时候，他曾创办过雷珂照明、雷珂生物等公司。

2008 年 6 月，王雨豪认为即时信息的前景广阔，便计划创立“即略网络”。2009 年 4 月 30 日，即略网络正式推出了公司的第一款产品即时客。这是一种基于地理位置的即时信息发布和查询的微博客，与美国的 Twitter 类似。

然而不久之后，市场上便相继出现了“嘀咕”、“饭否”等做微博业务的公司，随后，新浪、腾讯等巨头也纷纷推出了微博服务。

当时的情况，对于他来说十分不利，仔细分析之后，他认为微博是一个平台级的产品，这种产品在短信发送、吸引用户、技术架构、页面设计等很多方面都需要做到尽善尽美，这就意味着，需要投入很多资源，首当其冲的就是资金。就在王雨豪进退两难时，Bump 走进了他的视线，随后便有了“名片碰碰”的横空出世。

一个在别人看来再普通不过的名片，王雨豪却从中发现了机会，并且把它做成了大生意。对于所有渴望创业成功的人来说，也许机会就存在于一些看似微小的东西上，只有细心留意，也许这个小小的机会便是你走向成功的阶梯。

13 创业模式
抓住小机会，创造大神话

机会对于任何人来说都是平等的，任何人都有机会成功，任何创业者都有可能把生意做大。但却并不是每一个人都能在机会悄悄来临时，将其牢牢地抓住。所以，总有一些人终其一生都郁郁不得志，也有那么一些人，能够被机会眷顾，从而开创一片属于自己的天地。很多人看待机会时，是带着有色眼镜的，特别是对于那些看似很不起眼的小机会，很多人更是不屑一顾，甚至打心眼里看不上。但却很少有人会想到，很多成功都来源于那些不起眼的小机会。

素有“麻辣女皇”之称的陶华碧就是一个抓住小机会，创造大神话的人。也许很多人不熟悉这个名字，但对于她一手打造的“老干妈麻辣酱”，却是无人不知，无人不晓的，甚至在遥远的国外，也可以看到它的影子。

“老干妈”陶华碧在创办公司前，只是一个默默无闻、目不识丁的普通农妇，她之所以能从一个普通人成为一个身价数亿的大老板，皆是因为她是一个善于在小机会中发现商机的人。

1989年，由于家境拮据，陶华碧为了赚钱糊口，便用省吃俭用积攒下来的一点钱，在贵阳市南明区龙洞堡的一条街边，开了个简陋的餐厅——“实惠餐厅”。餐厅是专门卖凉粉和冷面的，为了让凉粉和冷面的味道更好，吸引更多的顾客，陶华碧特地制作了一种麻辣酱，作为拌凉粉的佐料。不曾想，这种麻辣酱却吸引了大量顾客，当时很多客人竟是专门为了吃这种麻辣酱而光临的。此时，陶华碧意识到麻辣酱将是一个摇钱树，于是她关掉了餐厅，转而开了一家专门制作辣酱的工厂。

起初，工厂里的所有工序都是手工操作的。陶华碧和她的员工们工作十分艰苦，为了给员工做榜样，陶华碧常常是身先士卒。随着麻辣酱的产量越来越多，完全超出了当地凉粉店的需求。陶华碧很着急，于是就亲自背着麻辣酱，到各食品商店和各单位食堂推销。

让她没想到的是，虽然办法很笨，但却很管用。不到一周的时间，她就接到了很多订货电话。随着订单越来越多，她的麻辣酱竟然脱销了。此时，陶华碧的信心更足了。

经过几年的精心经营，到了1997年6月，“老干妈麻辣酱”已经在贵阳市彻底站稳了脚跟。两个月后，陶华碧正式成立了“贵阳南明老干妈风味食品有限责任公司”。

公司成立之后，很快就步入了正轨。在陶华碧的带领下，公司蓬勃发展起来。仅仅用了3年多的时间，就创造了近3亿元的产值。

随着公司一点一点壮大，陶华碧把目光投向了广州、深圳和上海等大城市。为此，她专门派人前去进行实地考察。几年之后，她的麻辣酱就顺利地进入了这些城市的市场。

在陶华碧的工厂里，每天会生产出大约130万瓶麻辣酱，由始终等候在厂区的卡车拉走进入销售渠道，然后迅速被发往中国各地的大小超市，以及遍布五大洲的30多个国家和地区。有人曾说："有华人的地方，就有'老干妈'，它最大的意义是提高了华人对辣椒的接受度和依存度，改变了华人的口味。"如今，陶华碧和她的家族拥有"老干妈"超过90%的股权，她是这个"麻辣酱帝国"金字塔尖上的女皇。

很多人都会问一个问题：陶华碧为何能够成功？其实在很多人眼里，一个没读过一天书，只会写自己名字的农妇竟然能把一份事业做得如此之大，简直是不可想象的。但陶华碧的故事却是真实存在的。

如今，她的"老干妈麻辣酱"早已家喻户晓，尽人皆知。但我们在感叹她的成功的同时，也许更应该思考一下她成功的原因。机会无处不在，但关键要看创业者有没有一双善于发现机会的眼睛。无疑，陶华碧便是一个善于发现机会的人。很多人会问，陶华碧究竟是靠什么成就这番事业的？论实力，当初的陶华碧只是一个抚养两个孩子，四处打工、摆地摊的普通人；论行业，她做的是麻辣酱，这是一个非常传统的产业；论知识，陶华碧更是一张白纸。

她何以成功？一个最关健的因素，就是她对机会十分敏感。所有成就大事的人，都一定是善于发现机会，并且抓住机会的人。20世纪90年代后期，是一个人人都认为"没有大钱做不成生意"的年代，就在很多人都对创业望而却步之时，陶华碧却抓住了卖凉粉时，拌酱料畅销的这一个小小的机会。虽然有的机会看起来小得可怜，但谁也不能断言它以后不会创造出一个神话。

14 创业模式

小清新阅读时代

现在的创业者想出来的创业点子五花八门，最近，有一家公司竟然打起了阅读的主意。简单地说，这家公司的主要业务就是为广大顾客提供图书免费借、免费送货上门的服务。这家公司便是深圳市青番茄图书馆。图书免租金，借阅快递还免费帮你送货上门，虽然听起来有些让人诧异，但这正是深圳青番茄图书馆现在正在做的事。

像大多数创业型公司一样，青番茄有着一个开放式的办公室，里面随处可见员工们自己动手，用木板、键盘盒、塑胶水管等材料制作的相框、秋千、桌椅。中心区域摆着几排无间隔的办公桌，后面立着几排用塑胶水管组合成的书架。这是由一群“85后”创办的公司。他们都是爱书人，因为爱好相同而走到了一起。他们的出发点只有一个，那就是让顾客的阅读变得快乐和简单。

具体来说，青番茄是一家新形态的图书馆，它的模式是“网络 + 实体书”。读者在其网站注册成为其会员后，再支付 110 元押金后，就可以开始美妙的借阅之旅了。说美妙是因为这家图书馆最大的卖点是免费！支付押金后，无论借多少本、借多少次书，都无须再支付额外的租金；而且比免费借书更诱人的是，整个借阅的过程足不出户，都通过快递完成，且快递费不由你出，由该图书馆承担。当然，前提是你得提供真实准确的个人信息。

对于所有爱读书的人来说，这的确是一项让人欲罢不能的服务。从去年 8 月上线至今，青番茄已经积累了超过 50 万的读者群，服务范围遍及全国 20 个城市，藏书种类也超过了 10 万种。

副总裁张丽娟是公司的主要创始人之一。她与其他三个创始人一样，都是理科出身，曾供职于互联网行业，因为都喜欢看书，于是就走到了一起，有了创业的打算。

很快，他们四个人就针对具体的运营模式展开了讨论。于是一个个问题在此时冒了出来。是否可以用商业的方式来实现？是否可以与自己最熟悉的领域——网络嫁接？在张丽娟看来，如今网络上电子书大行其道，但因为版权问题和阅读习惯，局限很大；而在网络售书领域，则有当当、卓越这样的巨头，无论是模式还是市场占有率，要想超过它们是不大可能的。如果硬要做与书有关的生意，借书便是一个很好的创业点。

然而，想在“借书”上实施创业，似乎是一件不大容易的事。与网购、社交或团购等任何网络产品不同，在“借”而非“卖”的语境下，“网络 + 实体书”的组合在国内外都找不到可以学习和借鉴的版本，也无法从现成的图书馆个案中看到前景。另外，一直以来，中国的图书馆资源极为匮乏，除了高校外，社会性图书馆只有国家、省、市三级，很多区图书馆几乎就是个摆设。

张丽娟不禁在问：难道中国人真的没有阅读需求了吗？纸质图书真的落伍了吗？带着这样的疑问，张丽娟和同伴开始到社区、学校和企业进行走访。经过走访，他们发现，原来不是人们不想看书，而是由于各方面原因的限制，使得他们不得不放弃读书。比如昂贵的书价，距离图书馆太远，借书还书往往要花很多时间等等。而很多企业也曾尝试过自建图书馆，但由于缺乏专业的管理人员，时间一长，图书馆便成了“库房”。

敏锐的张丽娟从中发现了机会，她认为社区图书馆的缺位和滞后，正好为青番茄的生存和发展提供了空间。从理论上说，借助网络可以覆盖到每一个城市的每一个角落，也可以突破传统图书馆的地域界限。然而，要最大程度地推广纸质阅读，还必须要解决一个问题，那就是价格，只有把价格降到最低甚至免费，才有可能吸引到顾客。然而免费究竟能不能实现呢？是不是天方夜谭呢？

在这个问题上，张丽娟和其他三位创始人早已达成了共识：对个人用户免费，并且承诺永远如此。那么公司要以何种方式赚钱呢？

青番茄的运营成本主要包括采购、物流和人工三部分。在现在开通服务的20个城市中，除了深圳总部配备有不同职能的10多名工作人员外，其他各地均只设立仓储点，按照城市和读者规模，派驻1–5名工作人员，负责与物流对接。因此在总成本中，人力成本只占极小的一部分。而至于采购，青番茄的定位是实体图书馆的补充，不追求图书数量，不追求面面俱到。目前，青番茄采取的是向出版社和书商自主采购的方式，在对方提供的书单中，挑选符合会员兴趣的那一部分，先由总部采购中心统一采购，然后再分配到各地，可以保证各地都有足够多的副本，这样既能降低采购成本，也可以避免图书在不同城市间轮调。

免费快递送货上门是青番茄服务的一大特色。如此一来，降低物流成本就成了一个亟需解决的问题。由于是免费借阅、免费配送，这便意味着读者每一次借阅本身并不能为企业带来直接的收入，而青番茄却要为此支付相对固定的物流成本，也就是说读者的每次借阅行为，青番茄都是要赔钱的。

如果自建物流呢？像京东、当当、卓越这些企业都是自建物流体系的，但却无一盈利；而如果采用外包的话，对于价格和服务就很难掌控。鉴于此，张丽娟认为，青番茄要吸取二者之长：一部分由自己解决，一部分与DHL合作。由于是免费借阅，所以读者自然就不会对运输的时间提出苛刻的要求，青番茄的借阅读书一般是3–5天送达，这种同城非“当日达”的业务，价格要远远低于很多快递公司的价格。

而对于公司的收入，张丽娟也很有信心。在她看来，虽然个人会员支付的押金，随时可以申请退回，但基本上不会发生集中“挤兑”的现象，因此，在提取一定比例的准备金后，每一笔到账的押金某种意义上都可被视为收入。110元，只是其最低的入门标准，根据每次借阅的数量和时间不同，会员押金的金额最高达510元，如以50万读者为基数，这样一来，这笔收入已经基本可以与采购成本打平。

除了押金，企业客户是青番茄最大的直接收入来源。通常，青番茄会向在企业收取几千元至几万元不等的年费之后，为这些企业构筑一个外包式的图书馆。这笔费用大约相当于企业自建图书馆的1/6。

青番茄的这一系列一经推出，就受到了很多客户的追捧。很快，他们就与中石化、工行、联想、万科、腾讯、富士康、华为在内的40多家企业签订了协议。在青番茄的首页上，点击“每企一馆”，便可进入各企业自己的图书馆，这里除了有专业读物、热门书籍，还有部分企业学院和企业品牌文化传播的内容，企业员工不需要支付押金，就可以从这个频道借到自己喜欢的书。

“每园一馆”是目前青番茄努力打造的一个新业务，希望将“每企一馆”

的模式复制到幼儿园。张丽娟之所以想到打造这样一种业务，原因在于，青番茄有一批忠实的“妈妈读者”。青番茄当初在刚刚上线时，所借出的第一本书，就是一位深圳妈妈给宝宝借的幼儿绘画读本。在张丽娟看来，现在的年轻妈妈们都十分注重宝宝智力和兴趣的开发。但幼儿读物有一定的特殊性，不仅价格不菲，而且不像经典名著那样有收藏价值，往往过了幼儿年龄段，就不再有阅读需求。因此，这个市场也有很大的发展潜力。

虽然上线不到一年，青番茄鲜明独特的气质已经尽显无遗了。它着力强调阅读是一种生活方式，这样的生活方式应该是时髦、快乐、轻松、环保的，此外还应有点小文艺，有点小清新甚至是小幽默。和淘宝、卓越那些用纸盒和塑料袋包装的书不同，青番茄所采用的是一种泛黄的布制的环保袋，名为“精神食粮袋”。袋子上除了青番茄的logo，还印着“不含农药，不含防腐剂”的字样。

对于这样的创意，张丽娟解释说：“在我的想象中，这就像是与读者的一次握手。我们与读者不能见面，却都是爱书的人，于是想了这个办法，传递一种友善、温暖和默契。”不少读者收到后，也通常会把书和“精神食粮袋”摆在一起，拍一张照片，传上微博，一位读者就留言说：“仿佛是收到了一份盼望已久的礼物”。

看得出来，这些听起来貌似煽情的话，其实却蕴藏着一种商业智慧。青番茄的几位创始人都是苹果的忠实粉丝，他们认为苹果的成功之处就在于最大程度地向消费者渗透和灌输了自己的企业文化和价值观。在互联网时代，一个企业要想不被其他竞争者模仿，就必须要有自己独特的气质，而这种气质来源于企业的DNA中，需要从企业诞生的第一天和细节之处就开始培养。

因为青番茄的目标群体明确且气质相投，一直以来，很多企业都向青番茄表示合作的愿望。宜家和星巴克就是最早与青番茄合作的公司。在青番茄网站上，宜家将部分商品重新包装，打上了“阅读的概念”，通过文案将其营造成从阅读中衍生出来的、必不可少的生活元素，比如台灯、书架、沙发、靠枕等。星巴克则直接附上了咖啡单，在会员中征集“喝后感”。

青番茄的规则是不向个人用户收费，但这不意味着不能从个人用户上琢磨生财之道。随着用户基数和借阅次数的增加，青番茄将掌握一个庞大的阅读趣味数据库，直接反映会员的爱好、个性、经济条件，且有详细而准确的线下地址，若针对不同用户推送不同网络广告和书签广告，势必相当精准。

因为免费，青番茄的粉丝表现出了极大的谅解，他们甚至主动建议青番茄可以在书籍中夹带一些书签广告。张丽娟表示现在的青番茄也在摸索，但是即便夹广告也要谨慎，夹什么广告、夹多少才不至于让读者反感。但她相信，只要把握好尺度，读者会欣然接受，也有可能成为增值服务之一。

现在，青番茄正在做的一件事是希望通过“每校一馆”，向大学生推广“读书履历卡”。这是一个面向大学生个人用户的免费产品，旨在记录从大学开始读过的每一本书。而到了大学毕业季，青番茄还将推出“漂书码头”，鼓励大学生把不要的书、带不走的书寄给青番茄，换取可在青番茄使用的积分，青番茄也能借此节省采购费用。

目前青番茄最受欢迎的书籍中，旅游类排名前三，因此，他们计划把与宜家的合作模式复制到旅游社，比如向借阅《藏地密码》的读者推荐去西藏的自由行线路，向参团去欧洲的“驴友”推荐《达·芬奇密码》。总之就是带本书上路！“让我很欣慰的是，从开始至今青番茄不断地被祝福，有传统图书馆的同行，更多的是读者。”张丽娟相信这种正向的能量会帮助青番茄越走越远。

对于青番茄的未来，张丽娟有着清晰的规划：

1.每企一馆，帮助企业建立图书馆，收取年费；

2.每园一馆，掘金幼儿图书市场；

3.个人免费借阅行为中，夹带广告书签；

4.利用核心用户群信息，吸引星巴克、宜家等商家进驻；

5.漂书码头，旧书再利用，降低采购成本；

6.与旅游公司合作推销热门畅销书。

青番茄商业模式新颖，与网络卖书的当当、卓越网不同，它的经营方式是“借”。对个人读者实行免费借阅、免费配送，看似“赔本”，但读者交的押金却是一笔不小的收入，且由于读者会员的增加，渐渐地建立起了一个庞大的广告数据库；另外，通过为企业、幼儿园、学校建外包式的图书馆，收取数千至数万元不等的年费，成为公司最大的直接收入来源。其“小赔大赚”的做法，值得借鉴。

15 创业模式 小枕头成就“大王国”

在全国家纺领域，有一位举足轻重的人物，他的名字叫许章荣，香港纺织商会副会长、雅芳婷集团董事局主席。一直以来，他的“雅芳婷”品牌在业界久负盛名，作为雅芳婷的创始人，他曾带领团队创造过一年销售60万个枕头的奇迹。他一生潜心致力于健康睡眠的研究和推广，在香港尖沙咀闹市区开设了全球第一个“睡眠科技馆”，让无数的观众领略了健康床品的魅力。在香港商圈，他有“枕头大王”的美誉，而在雅芳婷深圳总部，大家都亲切地称他为“许生”。

许章荣是广东人，一岁时随父母移居香港。和很多孩子不同，许章荣自小就显示出了做生意的天赋。热闹繁华的香港大大开阔了许章荣的眼界，使得他有了自己创业的打算。

机会在1976年出现了。这一年，许章荣用仅有的5万元积蓄创办了一家名叫“章记”的小厂，手工制作木棉花枕头。也就是从这一年开始，许章荣与枕头结下了不解之缘。从此他一发不可收，开始着力打造自己的“床上用品王国”。

1979年，中国大陆正值改革开放，此时许章荣在香港的生意已经做得风生水起了。借着改革开放的东风，许章荣敏锐地感觉到，大陆将是一个拥有着巨大市场潜力的地方。于是他便抢在其他竞争者之前，在深圳办起一间床上用品工厂，从而成为了在深圳投资创办床品工厂“吃头啖汤”的第一人。

1983年，欧美床上用品开始涌入香港，虽然质量很好，但昂贵的价格让很多消费者无法承受。许章荣瞅准这一商机，将“章记”易名为“雅芳婷”，开始大力引进欧洲的纹样和设计风格重新对“雅芳婷”的床品进行设计，结果产品立刻受到了顾客的欢迎，在香港不胫而走。为了宣传自己的产品，他利用广东与香港相近的便利，率先在香港电视台为“雅芳婷”床品做了广告，还先后请香港小姐李美凤及内地家喻户晓的香港当红明星佘诗曼出任形象代言人。在这种巨大的名人效应下，“雅芳婷”品牌开始一步步向内地市场渗透了。

接下来，许章荣的动作变得更大了。1993年，他投资2亿在海南海口市兴建了一个欧化印染厂；2005年，“雅芳婷”又以合资方式，投资3亿港元在山东济宁市建了一个大型生产基地，不断扩大国外市场份额；2006年，又在惠州斥资1亿元设厂，扩展车缝及床褥生产规模。在许章荣的率领下，“雅芳婷”合纵连横，步步为营。

许章荣极爱思考，这使他在事业中获益良多。在创立“章记”之初，虽然枕头的利润可观，但手工缝制使生产效率很低，此外还有个难题困扰着他，就是枕头内的木棉籽很难剔除。经过反复琢磨，他发明了一种枕头机，这种机器很容易就能把棉籽除去，而且还很省劳力。自从使用这种机器之后，枕头产量一下提高了10倍。

对于床品的开发，许章荣十分痴迷。经过仔细观察，他发现：被套中的被芯经常会出现移位或缩成一团的情况，尤其在冬天常有人在半夜里冻醒。如何让被芯不易移位又方便套换呢？善于思考的他最终发明了“睡之锦囊”棉被套装和“连心被”，很好地解决了这个难题。

一次，一个朋友向他诉苦，说自己习惯侧睡，夜间总要更换不同高度的枕头，翻来覆去痛苦不已。听了朋友这番诉苦，许章荣突然灵光一现：枕头的尺寸都是统一的，然而每个人的头、颈、肩的尺寸都是不同的，能否让每个人都有适合自己尺寸的枕头，使一个枕头同时满足仰睡和侧睡不同高度的需求呢？他再一次陷入了思考。

一次，他去旅游，途中看到寺庙里佛祖侧睡的雕像，状态安详，这使他猛然有了创作的灵感。很快，他便请来了一个加拿大的物理治疗师做头形研究，经过几百人的临床试验，根据每个人的头形和肩膀的高度，历经9年的反复试验之后，许章荣的48种型号的中间低四周高的智能枕终于在1996年诞生了。这种产品能同时满足人在仰睡和侧睡时两种不同高度的需求，正确承托头部及颈椎，可以大大提高人的睡眠质量。产品一经上市，立刻引爆了市场。

然而不久之后，他便发现，让顾客一一试遍48个枕头再购买并不方便，为了更准确地测量出每位顾客的枕头尺寸，他又想到了用仪器测试。为此，他又找到香港生产力促进局协助研制电脑枕头扫描仪，同时远赴德国去寻求专家设计生产线。经过两年的研究，世界首部“枕头扫描仪”面世了，该仪器能在30秒内准确地量出每位顾客的头、颈、肩膀宽度等数据，让顾客找到最合适的智能枕。

小小枕头一炮走红，不仅获得物理治疗的权威学府——南澳洲大学创校百年来唯一的认可，还令他获得“香港工业奖”及“香港国际发明展览会金奖”及“瑞士日内瓦国际发明金奖”等多项荣誉。如今，“雅芳婷”智能枕已销往国内外，卖出数百万个，创造了可观的经济效益和社会效益。一个智能枕，令他名利双收。

近年来，在许章荣的带领下，他的团队不断地进行产品的创新开发，使得“雅芳婷”一直走在行业潮流的最前端。在继研发出专利产品“真丝羊毛被”和“连心被”之后，“雅芳婷”又先后推出了“鸳鸯被”和“数码婚庆床品”等得意之作。“雅芳婷”数码婚庆床品在同行业第一个运用数码印染技术，使顾客可以把自己喜欢的婚纱照印到床品上，极具观赏性和纪念价值。而“鸳鸯被”的发明则很好地解决了夫妇两人对一床被子温差的不同需求问题，一床被子提供两种保暖度，使夫妇享受舒适睡眠。这一独具特色且富有个性化的新品，一经面世，就受到了顾客的广泛好评。

“要与时俱进，不断将产品更新换代，进行技术创新，这样才能保持持久的竞争力。”谈到“雅芳婷”的取胜之道，许章荣深有感触地说：“现在床品的设计要花样多，并要紧追市场潮流，我们每年拿出5%的销售额，近3000万去研发新产品。花样容易抄袭，但技术是抄不去的。”

从1991年至今，“雅芳婷”连年获评为“全国外商投资双优企业”。近年来，“雅芳婷”先后获得“香港十大名牌”、“国家免检产品”，“中国名牌产品”、“亚洲品牌500强”等近百项荣誉。在香港，“雅芳婷”的销量连年保持第一，占据了高级床品市场30%的份额。在内地，几百家专卖店遍布全国各大城市，销量也是遥遥领先。在国际上，“雅芳婷”畅销欧美、澳洲、东南亚等数十个国家和地区，成为中国床上用品最早打入国际市场的领军品牌。

2004年，许章荣获得香港工业专业评审局授予的“荣誉院士”殊荣。这是香港权威部门对他多年来致力于健康睡眠研究及发展成果的充分认可和肯定。许章荣最大的抱负是想成立颈腰护理研究中心，希望能以30年来积累的经验，研制出有益颈腰的产品，以不断增强人类的健康。

一个小枕头成就了一个“大王国”，许章荣用他的实际行动证实了这样一个道理：不要总想着那些遥不可及的赚大钱的机会，有时候，帮你打开财富之门的往往是那些微不足道的小机会，抓住它，也许你就是下一个许章荣。

16 创业模式
网上卖菜赚大钱

在南昌，出现了这样一个网站，市民可以在这个网站上买菜。这个网站通常可以为市民提供即时的新鲜的蔬菜。这为广大顾客，特别是那些上班族提供了极大的方便。这些上班族可以在下班后不用去菜市场，而是直接去“网络菜场”下订菜单，很快，就会有人在约定的时间里将新鲜蔬菜送到家里。

这个网站名叫“南昌网络菜场”，相对那些互联网里的“老油条”们，这个网站是一个名符其实的“小字辈”。尽管如此，由于它切实地为广大顾客提供了方便，所以在刚刚创建之初，就名声大振，得到了广大都市青年的认可。

“网络菜场”创办人名叫姚聪美，毕业于江西蓝天学院铸造专业。和很多毕业生一样，姚聪美毕业之后，一直在为找工作四处奔波，然而却屡屡碰壁。既然工作难找，何不自己尝试创业呢？有了这个想法之后，他开始留意周围有没有什么可以创业的项目。

一次在跟朋友聊天时，姚聪美得知现在参加工作的单身青年都在为吃饭买菜的问题而苦恼：如果自己下班回家做饭，要花不少时间逛菜场，而且有越来越多的人由于工作繁忙无暇去菜场买菜。他觉得这是一个难得的创业机遇，于是一个想法立马一闪而过：如果鼠标轻轻一点，足不出户就会有人将新鲜的蔬菜送上门来，这样的买菜方式岂不是可以解决这个问题吗？

有了这个想法之后，姚美聪立马找到两个同学商议，三人一拍即合，最终决定共同创业。于是，他们一方面搜集各方面的资料，一方面进行市场调查。很快，“南昌网络菜场”就成立了，他们从此便当起了“卖菜郎”。

“网络菜场”卖菜的具体流程是这样的：办公室里的调度中心接到网上或电话订单之后，向各配送员发送信息，而在蔬菜批发市场驻点的配送员，根据订单信息现场配货，然后交给送货员送往客户指定的地点。

在这个网站上，上架的商品多达100余种，其中包括蔬菜、肉禽、水产、水果等，每种商品均注明了价格，并且还有不少特价商品可供选择。如需在网站上买菜，只要免费注册成为网站的用户后，即可以在网站上任意挑选所需物品。购买者只要将选中的菜放进“网上菜篮”，并留下电话号码、注明菜的数量以及送货地点之后，即可坐等送货上门。姚聪美告诉记者，考虑到顾客对菜的品质会有不同的要求，他们没有开通网上支付，而是当场验菜后再接受付款。

网站刚一上线，就受到了广大市民的热烈欢迎，生意十分红火。网络菜场的送货员每次送菜上门时都会随身携带一把小秤，现场称量菜的重量，然后再收取菜款。如果顾客对菜的质量不满意，可以要求退货。

菜的价格并不高，甚至有些菜比菜市场还便宜，因为他们一开始就跟蔬菜批发商签订了协议，蔬菜的价格比市面上要低不少。而且供货商必须确保菜的质量，不然他们可以要求无条件退货。与此同时，“零库存”是他们最大的优势。因为“网络菜场”完全按需订货，这样就省去了压货的风险。

目前，“网络菜场”总共有13个人，除了3个“股东”是即将毕业的大学生之外，他们聘用了许多下岗人员。现在网络菜场平均每天有80多张订单，最多的一天接到了近200张订单。有时候由于人手不够无法送货，他们还不得不跟顾客打电话致歉。

对于未来，姚聪美已经有了一个大致的轮廓，他打算等到完成经验和资金的积累之后，开些蔬菜销售的实体连锁店，网上菜场作为其中一项主要的经营内容。他们的目标是将这种服务覆盖到南昌市的每一个地方甚至是其他城市。

17 创业模式
小产品撬动大市场

不要对小机会不屑一顾，有时，它也许就是你走向成功的起点。绝大多数人缺的不是成就一番事业的雄心，缺的是对那些微机会的敏感。身为一个商人，自然要有对商机的敏感之心才行，否则，纵使机会再多，也都会如流水一样，在你身边淙淙流过。华人首富李嘉诚为何能够登上财富的顶峰？很多人都会说那是因为他很幸运，其实不然，他是因为发现了一个在别人眼里根本就不是机会的机会。

享誉世界的吉列剃须刀的发明者吉列也和李嘉诚一样，是一个善于抓住微小的机会，并能将其发展壮大的人。

1855年1月5日，坎普·吉列出生于美国芝加哥的一个小商人家庭。最初几年，吉列的生活很殷实，但不幸的是，在他16岁那年，他父亲的生意破产了，全家举债度日，此时正在上中学的吉列只好辍学，当了一名推销员，一干就是 24 年。

期间，由于市场竞争激烈，吉列换了很多公司，推销过很多商品，比如食品、日用百货品、服饰、化妆品等等。

他每天不停地在公司和客户之间奔波，忙得不可开交。虽然他要比其他同事勤奋得多，但却一直不曾有所建树，一直到他 40 岁那年，他还依旧是个推销员。

然而，让他没想到的是，幸运之神就在这一年降临了。一次，吉列受聘为一家生产新型瓶塞的厂家推销产品，这是一种价格低廉，很不起眼的产品，但却深得顾客喜爱，销路很好。吉列干得很卖力，老板十分赏识他。一次，吉列问老板这个产品畅销的原因，老板说："这种瓶塞是一次性产品，消耗得快，自然卖得就快。又因为价格便宜，顾客不会有重复购买的心理负担。"他还告诉吉列："发明一种'用完即扔'的产品，人们自然会进行多次购买，这样就能赚大钱。"正是老板这句看似无心的话，把吉列彻底点醒了。吉列不禁心想："自己干推销员已经 20 余年了，整天东奔西跑，忙来忙去，却没干出点什么名堂，为什么不能发明一种'用完即扔'的产品来赚钱呢？"

为此，吉列一连几天寝食不安，就连走路都心不在焉。一天空闲时，他又托着下巴陷入了沉思，结果被胡须扎了一下手，突然，吉列像是受了刺激一样，一个念头从脑子里一闪而过。何不发明一种剃须刀？于是，他立刻跑到商店，买了制作剃须刀用的锉刀、夹钳以及制作剃须刀所需的钢片，把自己关在家里，潜心研制起刀片来。

一开始，他是打算制作一种既锋利又安全，而且刀柄和刀片部分可以分开的刀片，这样便于产品的更新换代。于是，他就把刀柄设计成了圆形，圆形刀柄上方留有凹槽，能用螺丝钉把刀片固定；刀片用超薄型钢片制成，刀刃锋利，从安全角度考虑，刀片夹在两块薄金属片中间，刀刃露出，当用这种剃须刀刮胡子时，刀刃始终与脸部形成固定的角度，这样，既能很轻易地刮掉脸部和下巴上任何部位的胡须，又不容易刮破脸。

方案定下来后，吉列立刻找了一个专业技术人员做了一些样品。之后，他就开始四处推销。在他的极力说服下，他的几位朋友同意为他投资5000美元。

1901年，吉列保险剃刀公司正式成立了。随后，吉列便把注意力放在了进一步研制制作刀片的新材料上，他试图让刀片更薄、更具柔韧性、更容易夹在金属片中间。同时，他也在四处募集资金。仅仅过了一年，吉列就开始批量生产自己研制出来的新型剃须刀了。然而，出乎他意料的是，产品却卖不出去了。整整一年，他总共才卖出了51个刀架、168片刀片，这让他十分不解。

经过反复思考，他终于找到了症结所在：第一，人们喜欢保持自己往日的习惯；第二，人们对这种新型剃须刀的优点还不了解；第三，自从产品问世以后，自己并没有及时研制出一种廉价、方便、"用完以后即扔"的产品出来。

于是，吉列很快进行了改正。他决定把新型剃须刀作为一种"用完即扔"的产品来看待。因为当初自己把刀柄和刀片分开设计就是出于这样的认识。刀柄坚固耐用，买一个可以用几年，刀片则为一次性产品，可以灵活更换。如果把刀柄大幅度削价，而从刀片上挣钱，就可以解决价格高的问题。同时，他还把刀柄赠送给人们无偿使用，这样就会增强人们购买刀片的积极性。

经过这样的调整，果然，公司的销售立即增加了。此时，吉列意识到，新产品的功能再好，如果宣传不力的话，销路也未必会好。于是他展开了大力的宣传。

此时的美国，正值大众传播媒介蓬勃发展的时期，为提高媒体的经济效益，各个报刊都开设了广告服务栏目。吉列认为这是一个宣传新产品的绝好的通道，于是他就开始在那些传播面广、影响力大的刊物大做广告。他还请专人策划了极富诱惑力的广告词，并向顾客承诺：保证每片刀片至少可以刮10—40次。仅这一条，就吸引了不少消费者。为了进一步增加广告的宣传力度，吉列为每副剃须刀增加了5美分的广告预算。就这样，吉列终于打开了新型剃须刀的市场，并且使得他的剃须刀在美国广大消费者心中占据了一席之地。渐渐地，人们还给他的剃须刀取了个名字——“T型剃须刀”。

正当吉列雄心勃勃，想要进一步拓展市场时，第一次世界大战爆发了。大战之初，美国在军事上奉行中立政策，而在经济上却大发战争财。随着对外贸易的增长，国内的生产量大大增加，吉列的剃须刀公司在这股浪潮中，获得了长足的发展。

随着战争的不断升级，吉列公司的生产规模也在不断扩大，销售形势一片大好。1917年，美国宣布参战。大批美国士兵源源不断被运往欧洲战场。在战场上，美军十分重视士兵的军容军貌，规定所有士兵都要剃须。因此，吉列的剃须刀就有可能成为所有美国士兵的必备品。

精明的吉列认为这是一个扩大销量的绝好时机，于是，便和政府达成协议，以特别优惠的价格大批量向政府提供安全剃须刀。

战争结束后，那些退役的美军士兵，依旧保持着刮胡须的习惯，并且还时刻影响着身边的人。于是使用新型剃须刀的人越来越多，吉列剃须刀也进入了千家万户。由于美国士兵把新型剃须刀带到了欧洲，那里的人们也兴起了使用剃须刀的热潮。于是，吉列便抓住时机，在世界各地建立了分公司，从此他的剃须刀正式走向了世界。

有的时候，机会是需要留心发现的。因其小，所以要格外留意才行。也许很多人不相信奇迹会在自己身上发生，但如果你对所有机会都视而不见的话，你确实很难成为那个幸运的人。其实，幸运是从一个微小的机会里开出的花，抓住机会，精心去灌溉，那么你自然就会闻到它的花香。

18 创业模式 巧克力的生意经

对于现在的人们来说，巧克力已经不是什么新鲜玩意儿，但有人却在巧克力上动了心思。

英事达天元广告公司创意指导傅小攀发明的手工巧克力，刚一面世就受到了广大消费者的狂热追捧。她是怎么想到要做手工巧克力的呢?

这得从几年前的一部名叫《查理和巧克力工厂》的电影说起。这是一部著名的影片，很多人在看过之后，便深深地爱上了里面的怪人 WilyWonca，他是一个将自己独特的性格魅力融入每一块能迅速虏获人味蕾的巧克力里的人。

而傅小攀的灵感便来源于这部电影以及比利时著名的手工巧克力品牌“列奥尼达斯”。

2006 年初，傅小攀在淘宝网开了一家店，该店专门代理销售列奥尼达斯手工巧克力。然而在经营过程中，傅小攀发现自己对于这种有着深厚西方文化背景的巧克力很不了解，同时她也意识到当下的年轻人大都喜爱新鲜事物，那些传统味道很浓的产品早已不再适合他们的口味了。她想到如果能把巧克力变换一下样式的话，会不会被广大年轻的消费者所喜欢呢？于是，她便有了卖手工巧克力的打算。也许是因为职业的敏感，傅小攀一开始就为自己的小生意取了一个很温馨、很时尚的名字："可可芭蕾"。

为了推销自己的产品，傅小攀每天会花大量的时间到各类论坛、博客上去寻找潜在的客户，只要发现谁提到自己喜欢巧克力，她就会在第一时间给他们留言或者发邮件。为了尽可能多的寻找客源，她和男友甚至轮流倒班，以保证每天将近20个小时的在线时间。2006年5月，傅小攀意识到了自己创业的机会已经成熟了，于是就向公司辞了职，从此开始全力以赴做手工巧克力生意。

一时间，傅小攀的网店生意十分红火。可没过多久，傅小攀就发现了一件让她倍感压力的事。"可可芭蕾"竟然被"山寨"了。由于网店只能让消费者看到文字和图片，这些"山寨"的手工巧克力店通过盗用他们的图片以及压低价格的手法与"可可芭蕾"竞争。

这让傅小攀意识到，只有把自己的巧克力做出特色，才能让"可可芭蕾"摆脱被复制的命运。此时，傅小攀首先想到了开实体店。这样一来能够让一些离我们比较近的顾客亲口尝到我们的巧克力；二来是有店面能给网友更加正规的心理暗示。

很快，傅小攀就在自己喜欢的烟袋斜街开了第一家实体店。之后为了尝试针对不同的消费人群，傅小攀又先后在西直门嘉茂商场和新城国际各开设了一家实体店。因为这两个地方的人流多，购买力相对别处更加旺盛。

然而，傅小攀很快发现做实体店并不能真正地解决问题。与竞争者相比，最让她苦恼的是整体销售额一直不见上涨，其中一个关键的原因就在于自己的店面太小，根本得不到"列奥尼达斯"的重视，尤其热销品种供应跟不上需求以及供货期过长总让消费者等很长时间。而更严重的是，她发现在旺季时的很多单子被接下来后，公司根本没法给他们发货，这导致她根本就不敢接那些大单。

于是傅小攀决定去和“列奥尼达斯”沟通一下，可经过几次沟通之后，她意识到这个大品牌根本就没有跟自己合作的诚意。这该怎么办呢？很早之前，她就有自己研发巧克力的想法，只是一直没有实施，现在傅小攀认为是时候了自己干了。她决定要亲手研制出符合中国人口味的巧克力。

然而，她发现自己一直只是拿手工巧克力做买卖，对于手工巧克力这种食品制作本身所知甚少。在缺乏西点制作土壤的中国很难找到可以做出顶级手工巧克力的师傅，极度繁忙的业务又让她无法专门抽时间到国外学习制作正宗巧克力的技艺。就在这时，她经朋友介绍认识了一位从业 20 多年、曾在法国拿到过西点制作大赛冠军的师傅。

于是，傅小攀便让男友去跟这位师傅学习制作手工巧克力的技法和配方，这一学就是大半年。经过半年的学习，他已经掌握了基本的技法和配方，还结合人们的口味对巧克力进行了改良。此后，他的主要工作就是在“实验室”里创作出一款又一款独特的手工巧克力作品。

这种自创的手工巧克力一经推出，便受到了欢迎。其中有一款酒味家族里的白酒口味巧克力竟然经常会卖到脱销；而售价 80 元的太妃糖巧克力更是成了人们的最爱。现在“可可芭蕾”的推新速度基本保持在一周一款左右。对于傅小攀来说，她最大的乐趣就是来自于创造更多美味的手工巧克力，为此，她和男友基本尝遍了所有五星级宾馆的巧克力。最多的一次一天竟吃了 100 多块。

随着生意的不断发展，傅小攀现有的 100 平方米左右的小厂房已经显得有些捉襟见肘了。接下来，她准备继续投入资金扩大厂房和增加人力。在她看来，要想经营好这个品牌，就要全力以赴。

19 创业模式 快火锅之王

如今做火锅生意的人不少，但做得像钟建弘这么成功的却不多。当初，钟建弘决定做火锅生意时，很多人都不看好，在这些人看来，做火锅生意的人太多了，根本没有机会赚钱。但钟建弘却不信邪，硬是做了起来。

1994 年，钟建弘从上海大学毕业。踏出校门之后，他就开始四处找工作，可找了很长时间也没找到。就在他快要绝望时，上海肯德基公司录用了他。就这样，钟建弘在肯德基一干就是六年。在这六年时间里，钟建弘工作表现十分突出，从基层员工一直升到了门店经理。同时，他还系统地学习了肯德基的管理系统。这时的他已经对整个餐饮行业有了比较清晰的认识，于是便有了自己创业的想法。

2001 年，钟建弘辞掉了工作，开始创业了。他先是开甜品店，接着入股“皇城根”老北京涮羊肉、“阿童木”火锅，路子越走越宽。在这些生意中，他最钟情的就是开火锅店。在他看来，中国餐饮业里可以上市的公司只有三家——全聚德、味千拉面，以及小肥羊。三分天下，火锅占其一，如果要做连锁，火锅是最适合不过的，因为它的经营方式是可以复制的。

于是，他就在淮海中路158号开了一家“阿童木”火锅店，而它的旁边就是在上海学生圈里很出名的低价快餐“傣妹”。选这个地方，一方面可以借助“傣妹”的人气，另一方面是因为“阿童木”火锅定位为年轻时尚火锅品牌，这里由于学生多，客源充足，十分有利于开店。钟建弘意识到，要想在众多火锅店中独树一帜，就必须要有自己的特色，这样才会有竞争力。

“傣妹”便成了他的学习对象。一直以来，由于菜品价格低廉，“傣妹”的生意极好。在钟建弘看来，“阿童木”与“傣妹”处于同样地段，客源自然可以保证，只要把店子的装修、服务提高一个档次，价格再稍微高出一点点，“阿童木”自然就能吸引到很多顾客。

那么价格要低到什么程度才算合理呢？钟建弘又开始效仿起了“小肥羊”的做法，将人均消费定为50元，到晚上9点后，菜品就只卖3、6、9元价位，菜量则依照两个女孩的食量进行调配。

此外，他还模仿“小肥羊”设计了自己的logo。不过这个logo看上去要比“小肥羊”时尚很多，店铺的设计更像是夜店，这对于喜欢去夜店的年轻人来说极富吸引力。同时，他把用餐区被分为金、木、水、火、土五个区，代表色分别是金、绿、蓝、红、赭，旨在吸引客人每次都能体验到不同的就餐环境。

开店之初，为了让厨师们把火锅做好，钟建弘便带着厨师长到各地去找火锅来品尝，他发现这种模式很容易复制，涮菜基本相同，只需在锅底和调料上下功夫就可以了。在品尝“小肥羊”番茄锅不下1000次之后，他开始琢磨，“小肥羊”的特色是没有调料，自己不妨把特色定位为调料极全，与其他店的蒜头、麻酱、香菜组合区别开。就这样，他先后找到了玫瑰腐乳、花生酱等几十种调味料，用小碗盛好放在店中，供食客去 DIY，同时还按照顾客的口味要求编写了一套“星座调料”。

为了从顾客那里得到更多的反馈信息，钟建弘经常会在食客酒足饭饱时，走上去闲聊几句，然后再按照顾客的意见，对调料进行调整。

模仿得多了，钟建弘也有了创新的念头。开店前，他曾研究过中餐在一整天营业额中的比例，以前开过的“皇城根”火锅店中餐营业额占到全天的 20%，而“海底捞”的比例也差不多。于是，他便试着把中餐比例提高到了 25%–30%，试图想超过“海底捞”。

钟建弘在经营的过程中，经常做的一件事就是不断地根据顾客的需要在调料、菜样等方面进行调整，总之一切以顾客为上。如此一番精心地打理，使得他的“阿童木”火锅被越来越多的年轻人所接受，进店吃东西的顾客也越来越多，有时甚至还出现了排队等候的现象。

到后来，他竟然还效仿“海底捞”，邀请了美甲师在店里进行免费服务。服务员会提醒客人：满百元可以免费美甲、拍大头贴和抽奖。美甲和大头贴的组合也是钟建弘经过深思熟虑的结果，店里接待最多的是朋友聚餐和情人约会，只要有“美女”的地方，就有钱赚。为此，钟建弘在美甲服务上可谓下足了血本，他所请的美甲师全都是专业人员，月薪大都在 3000 元以上。顾客可以选择饭后合影留念，店里有两部可容纳多人的大头贴设备。如今，钟建弘的“阿童木”火锅的月营业额已经多达百万，但在他看来，这才是刚开始呢。

20 创业模式 扑克牌玩出大商机

提到“姚记”扑克，恐怕没有几个中国人不知道的。姚文琛便是“姚记”扑克的创始人。目前，“姚记”扑克国内市场占有率接近 1/3，出口到美国、加拿大、南非、印度、澳大利亚等几十个国家和地区，被公认为中国高档扑克的代名词，并在美国、加拿大、南非等地取得“摩托车”牌扑克注册商标。

那么姚文琛是怎么走出生产“扑克”这条路的呢？

早在 20 世纪 80 年代，那时的姚文琛和很多人一样，过着朝九晚五的上班生活。如此波澜不惊的日子让本就不安分的姚文琛感到十分无聊。他不想一辈子就这样平庸地过下去。于是，他便想到了下海创业。可茫茫商海如何行舟呢？姚文琛一时找不到方向。

然而，机会就在这时降临了。一天，一个偶然的场景吸引了姚文琛的注意，他发现人们在闲暇的时候总喜欢打牌，甚至一副扑克玩都已经被玩得起毛边了还舍不得扔掉。面对国人这种广泛而巨大的娱乐热情，使得极富商业敏感的姚文琛从中发现了机会，他决定从事扑克贸易。

他先从批发扑克做起，不久之后又做起了代理扑克出口业务。虽然当时由于品牌及质量的局限，只能出口到一些小国家，但凭借姚文琛的周到与精明，生意一直很红火。然而，他很快就遇到了敌手——“蜜蜂”扑克，这是代表着美国最高品质的扑克品牌。这种扑克品质高贵、手感舒适、包装华丽，一登陆中国市场，就迅速赢得了人们的青睐。而和它比起来，国产扑克就显得寒酸了很多。

后来在一次广交会上，中国扑克的整体形象再次受到了欧美商人的鄙视，他们对中国扑克展台看都不看一眼。这样的“屈辱”让姚文琛很受刺激，他很不服气，扑克文化起源于中国，凭什么中国人就造不出高品质的扑克牌来呢？他打算试一试。

1994 年，他带着 1000 万元的积蓄，只身来到了上海。不久，便创办了上海宇琛扑克实业有限公司。此时的姚文琛立志要用扑克牌为国争光，一定要制造出能行销世界的质量最好、品牌最响的扑克牌。从此，他开始全身心地投入到了扑克牌的制造、研发和品牌的打造上。这一干就是十几年。

起初，他使用的机裱纸是国内同行普遍使用的玻璃卡纸，质量较差，很难得到国际认可。1996 年他毅然停开了投资上百万的机裱纸，并从台湾和美国进口大批专用纸。同时，又从德国引进世界一流的四色印刷机，并不惜重金从全国各地招聘专业人才，几经创新虽然耗尽了他的积蓄，但“姚记”扑克的品质却有了极大的提升，销售额也开始迅速攀升。

自“姚记”扑克创立伊始，姚文琛便确立了“树百年姚记，创世界品牌”的战略目标和“先做强、再做大”的原则以及实施技术改造实现工艺自动化，建立全国范围的营销网络，构筑独特竞争优势的营销策略。自此卧薪尝胆十几年如一日，坚持以产品质量为核心，在提高品质和打造自主品牌上下功夫。

1998 年的广交会上，品质精美的“姚记”扑克吸引了美国客商的眼球并最终签订了美商当年唯一大额订单。从此，“姚记”扑克一举进入欧美市场并名声大噪。曾经因为品质低劣被一些欧美商人称为垃圾货的中国产扑克就此扬眉吐气地登上了国际扑克营销舞台。

如今二十年过去了，姚文琛一手打造的“姚记”品牌已经无可辩驳地占据了世界扑克市场的霸主地位。而他自己也因此获得了“扑克大王”的美誉。

21 创业模式 从“慢”中发现机会

当今社会是一个处处强调“快”的社会。人们已经习惯了快节奏的生活，于是一切都以“快”为准。特别是在对待各种服务的要求上，更是认为越快越好。对于很多想创业的人来说，创办快递公司便成了一个不错的实现梦想的机会。在这种情况下各种快递公司便应运而生了。“快”便成了这些公司最重要的服务标准。然而，随着快递公司的不断增多，从事这个行业的优势已经变得越来越不明显了。如果创业者还硬要往这行里挤的话，似乎机会也并不是很多。这样的现状看上去确实很让人悲观，但对于有些人来说，似乎情况并没有那么糟。机会永远都是存在的，关键在于创业者是否善于进行逆向思维。有时候，一个小小的机会往往会在你想事情的一念之间出现。既然现在的很多公司都在打“快”牌，那么如果逆潮流而行，打“慢”牌，结果会怎样呢？一家名叫北京乐尚艺游文化传媒公司推出的“熊猫慢递”的服务用他们的成功，告诉了所有创业者：机会永远是取之不尽、用之不竭的，只要你肯去挖掘，总有一天，你会和成功不期而遇。

这家公司总部在北京，是由一群“70后”、“80后”的创业者创办的。他们通过“写给未来的信”的方式，在社会上引起了热烈的反响，从而创造了无限商机。甚至还吸引了很多商场、银行向他们发出了合作的请求。

现在社会是一个讲究效率的社会，人们在做任何事时，都在追求高效、快捷。似乎只有这样，人们才因为没有浪费时间而心安理得。而对于所有快递公司来说，他们的竞争力全在于一个“快”字，只要够快，就能吸引顾客，占领市场。所以，他们总是在绞尽脑汁地思考如何提高效率。

然而这些要求却不是“熊猫慢递”所要追求的。“反其道而行之”是“熊猫慢递”的制胜法宝，他们以“慢递”为价值诉求，试图用情感价值去替换传统物流服务的效率价值。

2009年初，“熊猫慢递邮局”在北京正式成立。公司门口的电线杆上挂着一个印有可爱熊猫的圆形灯箱，看上去既扎眼又特别。通常，那些普通的邮局总是忙忙碌碌，工作人员忙个不停，但这种情况在“熊猫慢递”是不会出现的。在“熊猫慢递”，一切都显得温馨而随意。工作人员总是慢条斯理、按部就班地在为顾客提供服务，而顾客则更是显得悠闲自在。

来到这里的顾客，有3排各式搞怪的明信片可以选择：有些是空白的牛皮纸明信片，顾客可以在上面随意写写画画；有些是印着邮局logo的手绘明信片；还有些是拼图明信片，顾客可以在写好文字后，将它们拆开装入信封。除此之外，还有一些别有情趣的“文化”明信片，这些明信片上，有的印的是小时候考试的卷子，有的印的是“好好吃饭，天天睡觉”等口号，还有的则标明为“好老公（好老婆）证书”等。

如果你是一个即将当妈妈的人，你可以在明信片上写下给孩子的话，然后装进信封，贴上邮票。那么，当孩子出生时，“熊猫慢递”就会准时将这封信送到孩子的手中。在这里，每封信都是保密的，工作人员无权开启和查看。

邮件保管费和售卖明信片的收入是“熊猫慢递”的主要赢利来源。他们帮客户保存信件的收费标准定为一年为99元，每增加一年，费用增加10元。可以说，利用人们普遍存在的隐性需求，“熊猫慢递”将消费者对于时间敏感的固有价值观进行了重新定位，找到了商机。

人们在新奇之余，不禁会问，这样的创意到底是从何而来的呢？其实，“熊猫慢递”邮局的创意是来自于一封在2008年8月寄出的明信片，这张明信片的寄出人便是“熊猫慢递”的创始人李轶娜。

当时，李轶娜去丽江旅游。在一次逛街时，她发现东巴草纸明信片非常漂亮，于是就买了一张，打算寄给北京的同事。于是，她就到一个街边的小邮电所里把明信片寄了出去。可让她没想到的是，这张明信片竟然在一个月之后才寄到，而那时李轶娜已经返回北京了。这是一张独特的明信片，上面印有东巴的象形文字，此外还有一首诗歌。看到这张已经被自己抛在脑后的明信片，李轶娜惊喜万分。

此时，大家开始调侃起中国邮政的速度来。有人说：“这哪是快递，分明是慢递”。可是他们在调侃之余又在感叹：“没有慢递，哪来的惊喜呢？”闲聊中，有人突然冒出了一个想法：“我们开一个慢递公司如何？”

这个大胆的创意，马上被这群人中的“老大”刘伟给抓住了。他认为这是一个很好的创意，如果做起来，将来必有不错的市场。

于是，在接下来的一个月，这些毕业于财会、土木、法律、设计等专业的“70后”、“80后”便开始聚在一起，讨论具体事宜。经过多次商议，他们最终把店址选在了798艺术区。因为这里是年轻人的聚集区，来逛的人大部分都比较喜欢有创意感的东西。店址选好后，接下来便是产品分析，到底什么样的产品适合这些消费者的胃口呢？最终他们决定用原创的明信片来作载体。

而选择哪种动物作慢递的代言人则成了这些人争论的焦点。有人提议用蜗牛，有人提议用乌龟，还有人提议用猪八戒，不过经过仔细的考证之后，他们最终选择了熊猫。很快，一个看上去像“胖墩儿”一样的熊猫形象便正式诞生了。经过一番精心的准备之后，2009年初“熊猫慢递”开始正式营业了。

我们每个人都有这样的切身体会，我们经常会忘记家人或朋友的生日或是重要的纪念日，当想起时，已经是昨天、前天，甚至几个月前的事了。“熊猫慢递”的服务宗旨就是鼓励消费者一次性把亲朋好友的生日或特殊纪念日都记录下来，然后在有空的一天来到“熊猫慢递”，为他们写下心中的祝福和邮寄的时间。

“写给未来的信”是“熊猫慢递”的口号。“熊猫慢递”和普通邮局一样，为顾客提供信件投递服务，不同的是，在“熊猫慢递”，顾客可以自行决定投递的时间，可以是一月后、一年后，也可以是十年后、甚至更久以后。为了保证每封“写给未来的信”不被丢失，工作人员通常会要求寄信人同时填写投递失败后的寄还地址。

在这里，“熊猫慢递”的工作人员会把每位寄信人的嘱托登记造册，所有信件按照投递日期被分放在若干个标明月份的红色木箱里。每天傍晚，“熊猫慢递”的投递员就会骑着自行车，将当天要发送的信件送到附近的邮局。

为了能够最大程度地激发消费者隐藏在内心深处的情感需求，“熊猫慢递”特地聘请了专业设计师为慢递业务设计个性化的明信片，目前，已经设计出的明信片多达500种。这些明信片“主题”明确。在北京798艺术区的

“熊猫慢递”旗舰店内，“最佳母亲奖状”、“年度最佳老公奖状”、“感谢信”、“道歉信”等个性明信片随处可见，甚至还有写给自己的鼓励书。

此外，“熊猫慢递”还准备了一些现成短语，供顾客表达情感时使用，消费者只需摘取寥寥几句，就能让这个已有的“半成品”得到情感的升华。另外他们还给顾客提供留言本，装订成册按照日期保存，便于顾客以后查找。

“熊猫慢递”的这些做法很好地契合了都市人的心理需求。通常人们寄信的动机不尽相同，有的是为了表达祝福，有的是为了宣泄情绪。总之，人们可以把很多在生活中不便直接表达的情绪，通过拉长收信时间，得到缓解、消除尴尬和焦虑感。

凭借这如此独特而充满人性化的创意，“熊猫慢递”自开业以来，受到了广大顾客的热捧。很多人都慕名而来，邮寄自己的明信片。

现在，“熊猫慢递”发展得很快，“熊猫慢递”团队每天都在不停地思考。他们已经在北京王府井开了一家分店，还有不少人前来谈合作加盟。他们接下来的计划是进驻机场。因为，对于那些即将踏上长途之旅的人，定会有一份想表达的心情，候机的时间正好合适给自己的未来写封信。

此外，他们还准备开展一项新业务——把信件存放在银行的保险箱中，以更好地保证信件的安全。在他们看来，平时人们把贵重的东西放在保险柜里，而记忆是比任何金钱都宝贵的财富。在未来的计划中，“熊猫慢递”还准备建一个心灵档案馆。“熊猫慢递”在不断发展的同时，吸引了很多商场和银行。他们纷纷要求为“熊猫慢递”提供打包服务。看得出来，“熊猫慢递”的前景是非常可观的。

22 创业模式
从无到有的“淑女屋”

匡子，用蕾丝编制了属于自己的创业梦想。她让“淑女屋”从无到有，发展壮大。

她总是选择将自己包在繁复的裙里，吉普赛卷发的爆炸版，典型的淑女屋风格——花边上衣和层层叠叠的裙子，就连袜子都缀着蕾丝花边，一切都和自己的“淑女屋”的海报如出一辙。只是换了张成熟的面孔。

匡子是一个习惯沉浸在自己情感世界的女人，她对自己的家乡武汉有一份特殊的感情。当谈起老家的时候，总是有一种热泪盈眶的冲动。

匡子小时候生活在华师附近。每每回忆起那段童年，匡子都禁不住流露出对那段童年的怀念，甚至有时候还幻想着自己生活在童年中。那个时候，她的家周围还有一些欧式建筑，这些建筑给了她很多的遐想，想象着童话故事中的生活，感觉自己好像也融入到故事中。爱幻想让匡子爱上了画画，她用自己的画笔设计着属于自己的美丽的衣服，宏伟的宫殿。因为在心中有一个美丽的梦：这些宫殿就是她未来生活的地方，在这里穿着美丽的衣服，演绎着王子与公主的美丽爱情。

除了画画，匡子对织毛衣钩毛线有着天生的禀赋，虽然她不是学服装设计专业的。故乡美丽的东湖、第一次上演“天鹅湖”的梅园、街边的欧式建筑是她“念故乡”灵感的源泉；爸爸电唱机里的“秋蝉”一直在她心中吟唱……她把这些童年美好的生活和记忆融入到“淑女屋”品牌中，在“淑女屋”中得到更好的演绎。

带着这些美好的记忆，1991年，26岁的匡子南下深圳，开设了第一家“淑女屋”专卖店，开始了对自己梦想的追逐。从那一刻起，“淑女屋”迅速成长起来，至今已在全国开设了百余家连锁店，成为年轻女性们拥戴的品牌。

面对着成功，匡子更多的是感慨圆梦的喜悦，而不是成功的艰辛。匡子是这样来形容自己的：“我是一个非常感性的女人，当时创立这个品牌的时候，就是因为曾梦想过自己就是故事中优雅的淑女。”正是有这种情怀，匡子获得了成功。

幼师毕业的匡子喜欢听音乐、读小说、看戏剧，特别是古典戏剧，她常常沉浸于剧中的情节，感动得一塌糊涂。相比较喜剧而言，匡子更加喜欢看悲剧，在她看来：悲剧美是任何一种情感都无法替代的，快乐是美好的，但更是短暂的，但是悲剧能够让她唏嘘良久。

对喜剧故事情感的投入也融入到匡子设计的服装系列中。当一个故事深深地打动和感染了匡子的时候，她就会完全沉浸在故事中，仿佛自己就是故事中的人物，这份情感需要通过一种特殊的方式表达出来，而这种表达就是创作的灵感。草原小屋、绿色狂野、情人节玫瑰、春江花月夜、黑白贵族、天鹅湖、荷塘月色、奥菲妮娅、森林女王……一个个熟悉的“淑女屋”服装系列，几乎每一个系列背后都有一份情感的流露，都可以找到古典戏剧的影子。

面对着品牌的代言，匡子也有着和别人不一样的地方。她在 38 岁时生下女儿，女儿 6 个月大的时候就成为“小淑女”的形象代言人。在女儿的身上，匡子体会着从小到大成长的需要和足迹。她用心体会着女儿的心思，而女儿对衣服的漂亮和舒服等等要求也给了匡子创作和设计的灵感。在女儿的身上，能够感受到一个母亲的心愿，女儿就是童话中最美丽的公主。穿着母亲设计的衣服，充满调皮淑女的样子，但是不知道小小年纪的女儿是不是也能够体会到母亲的爱，能够和母亲拥有同样一个梦？

匡子是生活在故事中，而布置得像童话故事中的宫殿的设计室就是她梦的承载。因为每天能够生活在自己喜欢的梦中，匡子充满着快乐。面对生活，匡子总是坚守着自己的梦想。做自己喜欢做的事情，完成自己喜欢的梦。但是她也感谢生命的眷顾，因为她深深地懂得，能够生活在理想的梦中，是一种幸福的奢侈。

匡子酷爱着淑女风格的衣服，即便是旅游，她也总是坚持全套的淑女打扮，而不管别人的 T 恤、牛仔裤。童年的记忆、梦的追寻让她和她的“淑女屋”不断地前进。匡子，像童话中的公主一样，自在、幸福、满足地活在自己的精神世界。

23

创业模式

从苍蝇里掏金子

苍蝇，每每想到这个词的时候，总是会感觉到阵阵的恶心，但是却有一个女孩从苍蝇的身上创造了财富，创造了一个不断发展的传奇。而这个故事的主人公叫做汪日露。

她的工厂坐落在奉化市尚田工业开发区里，和其他的工厂不一样，在近4000平方米的厂房里，生活着180多万只苍蝇。这些苍蝇被圈养在一只只有1立方米大小的网笼中，它们在这里进食、产卵。每天，汪日露都要亲自带着工人们喂养这些苍蝇。这些在常人眼中讨厌的苍蝇，在汪日露眼里却是美丽的“天使”。苍蝇给她来了成功和财富。

汪日露原来有一份体面的工作，她毕业于杭州卫生学校，毕业后应聘到宁波市区一家眼科医院，如愿穿上白大褂，成为了人们眼中的“白衣天使”。但是2000年12月，一则偶然的消息改变了她今后的道路，南开大学的教授发现蝇蛆中含有大量有益物质，并实现了成功养殖。这条消息深深地吸引了汪日露，因为她的父亲从事水产品养殖数十年，每年为了能够提高产量需要给鱼、虾增加蛋白质，偶尔也会喂些黄鳝、鸡蛋等，但这样做导致成本高居不下。而在养殖过程中，如果把蝇蛆喂给鱼虾或者鸡鸭吃，动物会纷纷抢食。看到这条消息，结合生活中的实践，一个大胆的想法在汪日露头脑中浮现，“能不能工厂化养蛆，蝇蛆既含高蛋白能够提高产量，又有自然抗生素抵御病害，真是一举两得。”第二天，汪日露联系了南开大学的杜荣骞教授，经过诚恳的交流和谈判，杜教授同意把技术传授给她。在获得技术传授的同时，汪日露毅然辞职奔赴天津全身心地学习这项养殖技术，并基本掌握了国内最先进的养蝇技术。

三个月后，汪日露回到了老家，开始着手自己创业。她的举动令乡亲们大惑不解，也遭到家人的强烈反对。但是父亲却给了女儿最大的支持，他把全部积蓄都拿来支持女儿办家蝇养殖厂。经过两个月的试验，家蝇的工厂化养殖取得了成功，蝇蛆的日产达到了200公斤。工厂里生产的蝇蛆在父亲的水产苗种场试验，取得了良好的效果，鱼、虾、蟹的生长速度、成活率和抗病性都有所提高。前期的成功给了汪日露信心，她继续投入资金60万元，购买了1500只仙居小鸡，用蝇蛆养鸡。扩大蝇蛆的应用范围。这次试验再次取得了成功，食用蝇蛆的仙居小鸡在109天后就开始陆续产蛋，比常规养殖产蛋期提前了30天左右。产蛋期的提前仅仅是成功的一部分，口感好更是蝇蛆饲养的生物鸡蛋的一大优点。为了推广自己的生物鸡蛋，汪日露参加了在宁波市区举办的一个展销会，她的生物鸡蛋被宁波人抢购一空。为了能够更好地发展这项技术，汪日露还为自己首创的“蝇蛆饲养生物鸡蛋”技术申请到了专利。蝇蛆在汪日露的手里实现了工厂化生产，并且从水产养殖发展到了生物鸡蛋，并且在很多养鸡户中得到了推广。“蝇头小利”给汪日露带来了滚滚财富。

任何成功都不可能是一帆风顺的，汪日露也不例外。因为苍蝇是“四害”之一，污染环境，传播疾病，所以开始养苍蝇时很多村民就表示了反对。为了打消村民的顾虑，汪日露开始不厌其烦的像村民解释她所饲养的苍蝇和家蝇、野蝇的区别。她饲养的苍蝇是无菌的，而是所产的卵粒是在绝对卫生的条件下发育成长的，卵粒状如泰国的珍珠米，洁白晶莹。村民这只是其中的一关，还有一关就是自已的心理作用，作为一个女孩子，面对这些在蝇箱里四处乱爬的蛆虫，心有余悸。整天看见它们，吃饭都没有胃口，浑身起鸡皮疙瘩，但是时间长了，恐惧和恶心的感觉渐渐退去，慢慢的她和这群“小讨厌”们“同流合污，沆瀣一气”，到最后竟然发展到把手伸进蝇箱，轻轻地抚摸这些蝇蛆。

汪日露现在总是称自已是戴着白口罩、白手套上班的农民，但是如今的她已经不是传统意义上拿着锄头的农民，她是用知识武装自已、改变生活的新时代的农民。

前期试验的成功，也让蝇蛆养殖规模不断扩大，汪日露也从家蝇养殖厂发展到在工业开发区办起了工厂，盖起了四层楼房及配套养蝇厂房。“蝇头小利”才刚刚开始，面对未来，汪日露表示将继续投资建厂，扩大生产规模。同时将加大在技术上的投入，增加产品的科技含量，将蝇蛆这种活体饲料进行深加工，争取销往全国及世界各地，并计划对蝇蛆进行深层次开发，早日生产出功能食品、药品及化妆品……

“蝇头小利”不仅仅给她带来了财富，也给她带来了荣誉，获得了“中国杰出青年农民”的称号。

24 创业模式
蘑菇致富经

雷全瑞是河北省灵寿县灵寿镇的蘑菇产销大户。几年前，由于保鲜难，当地蘑菇抢占市场的唯一办法是数量，20 公斤一大箱才卖 180 元，利润很低。雷全瑞后来发现了一种蘑菇礼品盒，5 公斤重就能卖 80 元，比单卖多赚了一倍多。于是雷全瑞学着挑选了金针菇、杏鲍菇、白灵菇、鸡腿菇和平菇等 5 种食用菌混装在一起，在春节来临之前，做了 100 多盒在县城卖。5 公斤礼盒卖 80 元，很快就卖光了。第二年，雷全瑞便组织了大批礼品盒上市，却收到了经销商要求退货的消息，因为容易腐烂。鸡腿菇和平菇在常温下的保质期不超过 5 天，在混装的情况下坏得更快，只要坏掉一种，其他蘑菇也跟着坏。

找到问题的关键，雷全瑞去掉了礼品盒里的鸡腿菇和平菇，只剩下金针菇、白灵菇和杏鲍菇，保鲜时间从原来的 5 天延长到 10 天。虽然重量减到 4 公斤，还是能卖到 80 元一箱，利润更高。靠着“缩水”，不但占据了周边市

场，还把产品卖到了南方。但没多久，又有南方客商提出退货，原因还是腐烂现象。原来，东西多，挤到一块，就容易坏掉

再次找到问题，雷全瑞又把混装改为托盘独立包装，把塑料袋改为保鲜膜。独立的包装使蘑菇之间有了更大的空间，保鲜期从 10 天延长到 15 天。同时，独立的包装显得更美观。重量虽然比原来少了 1 公斤，但 75 元一箱的价格只比原来少了 5 元，利润仍在增长。

后来，雷全瑞在广州发货期间看到了一件很奇怪的事情——他的礼品盒虽然比别人的大，价钱也不比别人贵，但很多消费者似乎并不喜欢。调查得知，南方消费者更喜欢小而精，买小不买大，因为一次吃不完，下一顿可能就不愿意吃了，造成浪费。从广州回来后，雷全瑞针对广东市场采用了更小的托盘独立包装，蘑菇随之减少到 2 公斤，保鲜期却延长到 21 天，但价格依旧卖 75 元一箱。

重量一减再减，但收购蘑菇的成本价始终是每公斤 3 元左右。十几倍的利润就要归功于那身小小的“礼服”。

25 创业模式
大生意从小点子开始

微机会就是那些很难被人发现和察觉的机会，绝大多数人对于创业都有一个偏见，那就是“要做生意，就要做大生意，赚大钱”。其实，任何大生意都是由小生意一步步做起来的，正所谓：“不积跬步，无以至千里。”一分钱虽少，但把很多个一分钱积攒起来就是一个大数目。机会虽小，但只要你能发现它、抓住它，并且精心发展它，终有一天，你就能做成大生意。很多白手起家的人，多半都是从微机会中，寻找一线生机的。

吴祖清就是其中一个，她的创业经历便是一个典型的从微机会中发展壮大的故事。

虽然与那些资产千万的大老板比起来，吴祖清只是一个“小虾米”，但她却是一个商业嗅觉极其灵敏的人，她的脑袋里，总会冒出一些让人眼睛一亮的好点子，也正是这些小点子，使得吴祖清的生意越做越大。

20世纪90年代初，吴祖清与厨师丈夫尹兴宝在一家餐馆打工。虽然此时夫妇二人只是众多打工者中的一对，但他们却并不甘于只做一个打工者。时间不长，他们就从这家餐馆辞职了，打算自己创业。但由于他们当时经验和本钱的限制，他们只能从门槛较低的小吃早点类做起。

于是，他们便带着3000元现金来到了武汉。他们在武昌水果湖一机关大院旁边租了一间8平方米的铁皮棚子，做起了粉面生意。起初，他们尝试着做了十几个品种，但没有一个能受到顾客的青睐，只有水饺是个例外。慢慢地，他们发现，很多顾客前来光临都是朝着水饺来的，这是为什么呢？

细心的吴祖清便找了几名顾客进行了询问，原来是丈夫尹兴宝每天早上在摊上剁骨头的行为吸引了他们。

尹兴宝每天进料时，发现肉摊上总会剩些卖不了的边角碎骨，于是他想到如果把那些碎骨买回去，敲碎熬成骨头汤下水饺，味道应该不错。

不成想，这一无心之举竟成了活广告，尹兴宝剁骨头的举动让路过的顾客看到他家水饺用的是真材实料，兴趣就更大了。弄清了原因，吴祖清和丈夫当即决定，暂停粉面生意，专做水饺生意。于是，他们很快就挂起了“正宗尹记水饺”的牌子。结果生意好得不得了，每天他们的摊前都排着“长龙阵”。“尹氏水饺”立马火了。

仅仅用了两年时间，吴祖清夫妇就赚了十万余元。有了这第一桶金，又考虑到中餐生意利润较高，于是他们打算开一间中餐厅。很快，他们就在青山区友谊大道附近租了一处400多平方米的门面，由于当时市场上流行荆沙甲鱼，他们便以此作为餐厅特色，开了“鹏辉酒店”。

然而。事实并非如他们所想的那样，甲鱼餐馆到处都是，根本赚不了几个钱。吴祖清夫妇颇有些焦虑。转机在1997年的一天发生了。这一天，尹兴宝正在给家人准备晚饭，由于当天剩了一只鸡和大半碗甲鱼底汤。尹兴宝索性就把它们掺在了一起，自创了一道“荆沙鸡”。结果店员一尝，都大呼过瘾。

吴祖清计上心头，心想何不推出这道“荆沙鸡”试试呢？随即，他们就正式推出了这道菜，结果竟然真的吸引了众多顾客前来品尝，口口相传之下，他们的“荆沙鸡”很快就成了被广大顾客津津乐道的美食。吴祖清夫妇所赚的利润便从十万增加到了一百多万。

紧接着，他们又有了开分店的打算。如果说新开餐馆的首要问题是定位准确的话，那么开分店最大的问题就是选址正确。起初，他们在选址上犯了错误。他们把第一家新店选在了距离老店不远处的和平大道上的一个 700 多平方米的门面里。吴祖清认为，此时酒店的影响力仅仅是在老店周边三站路的圈子里，所以也就理所当然地认为新店只能选在这个顾客圈内。

但事实上，这种看法是错误的。虽然他们为新店做了很多宣传，但生意却很不理想。眼看着他们辛苦攒下来的钱一天天被烧光，夫妇俩心急如焚。一天，吴祖清到街上闲逛，此时正是下班时间，滚滚人流直往车站方向涌动，很快，沿路的一排小吃、餐厅门前就汇集了大量顾客，生意火爆至极。

吴祖清把这一切看在眼里，急在心里。心想，为何两地相距仅百余米，但生意却有如此天壤之别呢？

于是，她便拦到一个顾客，跟他搭讪起来。对方说：“我们到这边吃完了顺路就能搭车回家，到你那边还得多走一截回头路。”听到这句话，吴祖清如醍醐灌顶，她终于知道问题出在哪了。

吴祖清回去后和丈夫商量了一番，两人决定将现在这家店盘出去，然后在车站附近租了一间门面，继续做起了生意。结果生意果然大为改观，不到半年的时间，他们就扭亏为盈了。

2008 年 10 月，吴祖清夫妇又在青山开了第三家店。当时正值金融危机，很多人都认为他们的生意很难维持下去，但他们却认为再不景气的市场，也有人赚钱；再兴旺的市场，也有店关门，关键得看什么人在做。

有的时候，机会虽小，但这并不代表它不可以发展壮大。对于有头脑、有眼光的创业者来说，他们的独到之处，便是从那些看似微小的机会入手，然后做出一番大事业。也许有的创业者时常会感到前途渺茫，无所适从。但请永远相信，改变世界的，都是你一开始没有注意到的微机会。

26 创业模式
到无线网络里掘金

当财富和年龄不再遵循常规法则的时候，1980 年后出生的“财富新贵”的异军突起绝对不再是遥不可及的梦想。当很多同龄人还在自称自己是“职场新人”的时候，这些“财富新贵”们已经成为某些领域的王者。他们都拥有创业的激情，远大的梦想，还有就是对机会的把握能力，他们不是新人，而是很多公司的“CEO”，其中也不乏身价过亿之辈。

北京无限新空信息技术有限公司 CEO——李晋吉就是其中的一个代表。生于 1980 年的他，拥有中国手机网站第一品牌以及国内最大的无线虚拟社区——3G 泡泡网（PP.CN）。

在无线互联网这个新兴的行业圈子里，流传着一个段子，段子的主人公不是李晋吉，而是百度的李彦宏，说李彦宏也曾考虑进军无线互联网，但是身边的人个个都说没有兴趣，李彦宏最终只能作罢。不管这个段子的真实性如何，但是这个段子却多多少少地反映出一个现状，对于无线互联网业的发展前景和方向，人们看得并不清楚。这是一个“混沌”的状态。创业之初，李晋吉也是处于“混沌状态”，但是敏锐的嗅觉让他抓住了这个稍纵即逝的机会，创造了一个无线互联网的传奇。

2004 年 8 月，李晋吉独立投资成立了“无限新空”。开始的时候，创业的条件是很艰难的。办公室是一套商住两用的房子，按着房间的面积规划了 20 个座位，但是他自己也不知道到底什么时候才能够坐满人。这还不是最主要的，主要的是李晋吉都不知道自己公司的主营业务是什么。一切都没有借鉴和参考。带着和自己志同道合的创业伙伴，李晋吉在半年时间中运作了 12 个项目。多个方向的出击以及对比，终于在两个月后显现端倪。虚拟社区成为了所有项目中的佼佼者，人数增长得很迅速。虚拟社区成为了最终的切入点。

正是虚拟社区选择的正确以及坚持“用户至上”的理念，3G 泡泡在短期内成为国内规模最大、人气最高的手机虚拟社区。其成功也带来了进一步的机会，国内排名靠前的风险投资商主动上门洽谈合作。这个时候的李晋吉已经掌握了谈判的主动权，他在谈判中坚持一个原则：风险投资不介入公司的实际管理。他认为这个原则是互相尊重和信任的问题。这份谈判的底气来源于充满激情和创新能力的团队、潜力巨大的市场空间和个性突出的产品。

2005 年 11 月，在经过 3 个月的认真考察和有诚意的谈判后，联创策源和华登国际给“无限新空”注资 3000 万元人民币。有了这笔资金，李晋吉开始对公司进行了改革，这时的公司不再是一个“混沌”的状态，而是要发展成为一个架构明晰、分工合作的公司。财务管理改革就是一个很好的缩影。开始的财务管理多数情况下是李晋吉亲自上阵，如今，公司有了专业人员管理财务。

在这个规划中，团队建设是李晋吉的重中之重。李晋吉是这么形容团队建设的："投资人看我，而我呢？我要建立一个执行力高过想象力的团队，因为在充分竞争的环境下，idea已经不能成为你和其他对手竞争的优势了。如果有朝一日连拍板这件事都不用我做，就说明我的公司已经perfect了。"这种建设的理念让李晋吉从一个完全的管理者转向成为一个建议者。他实现了一个创业者和一个管理者的完美组合。作为创业者，胆大又充满激情；作为管理者，拥有超越年龄的理性与冷静。

"无限新空"是一个充满激情的地方，也是年轻人的舞台，在这里"80后"已经成为了中层管理者的中坚力量。面对着日益发展的公司，李晋吉希望能够创造一个更加适合员工发展的宽松平台，最终建立一个充满人情味的公司。李晋吉对美国硅谷的高科技公司的管理模式情有独钟。在取得了成功的今天，"哥们儿"还是他对当年的创业伙伴的称呼。有人说李晋吉像"班主任"在管理着公司，但是他感觉自已更多的像"哥们儿"一样和员工们相处着。

27 创业模式

“自助厨房”里的金点子

都说人的智慧是无穷的，人的想象力是无限的，这话一点不假。在这个世界上，总会有一些人，通过一些“奇思妙想”让我们感到耳目一新、眼前发亮。具备“奇思妙想”智慧的这类人，大都敢想敢做、头脑灵活、心思细腻、乐于思考。他们可谓是大脑和双手同时行动的精英。

有一个叫美琳的女孩，在一年前新换了一个公寓，当她搬进去的时候，发现前任房客留下了一个宽敞明亮的厨房，还有设备齐整、干净卫生的烹饪用具。看着这些烹饪用具，美琳突然也想动手做菜做饭了。

于是，她买来食材，试着做了几回菜，不论是煲汤，还是炒青菜，还是简单的白米粥，都让她在胃口大开之余很有成就感。吃惯了家里的饭，美琳再去餐馆吃饭的时候，总感觉味道不如自己做得好，于是，她就转而回家自己做了。

一个周末，美琳邀请了几个好友来家里做客，准备自己动手做美食。她让每个人报上自己的拿手菜，然后按照菜单，把原材料买回来，到她家来开“自助厨房派对”。这个建议得到了好友们的一致赞同，有人说：“天天吃外面的东西，早就吃腻了，不如自己动手做得好。”

这天，这些职场上的“白骨精”们，在厨房里忙得不亦乐乎。有的包饺子、有的擀面条、还有的做海蛎煎，很快，一顿美餐就诞生了。大家吃饱喝足之后，都有些恋恋不舍，不停地感叹：“有厨房的日子，真好!”

如今，在很多大城市，像美琳这样的“蜗居”人士很多，他们由于房间空间狭小，根本没机会，也没条件亲自下厨做饭。所以，对这些人来说，能够亲自动手做自己喜欢吃的菜实在是一件奢侈的事。

后来，有一个参加过“自助厨房”派对的好友，在 MSN 上给美琳留言：她们公司要办一个小型派对，老板是海归，想要来一点别具特色的活动。你能不能把你的厨房和客厅租给我一晚，我好让他们在这里动手做饭，顺便聚一聚。

送上门的钱，美琳哪能不赚呢？于是，她立马答应了。

聚会的时间是在周六。美琳提前把好友要求的菜谱材料备齐，又用剩余的钱，简单地布置了一下客厅。而她则以服务人员的身份，出现在“自助厨房”餐会上，她的工作就是端茶送水、收拾餐具。

那次聚会，来了很多人，每个人兴致都很高，他们做菜的做菜，聊天的聊天，气氛既温馨又热闹。聚会结束，大家纷纷告别，好友给了美琳 500 元当作租赁费和服务费。500 元钱，这么容易就赚到了手，美琳高兴极了。

让美琳万万没想到的是，她的“自助厨房”竟然成了她开源的渠道，于是，她索性将“自助厨房”对外出租的信息，挂在 QQ、MSN 签名上和常去的网络论坛里。一时间，竟然引来了很多人前来预约。

通常，大多数人都约在周五、周六、周日这三天，而找美琳预约厨房的人也是五花八门：有朋友聚会、同窗聚会、生日派对等等。每次，美琳都能收到一笔不错的租金，基本上视人数的多少，定价在200元到500元不等。一周下来，她的收入竟高达1000元左右。

美琳越做越有兴致，为了吸引更多的人前来租赁，她还专门空出了一个房间，在里面摆上一张方桌，当做游戏区域。这种人性化的设计很受欢迎，前来预约的人更多了。再后来，美琳竟把整套房子都让了出来，专门用于"自助厨房"租赁。

美琳"自助厨房"的经营，简单易行。如果客户需委托采购原料，只要根据对方提供的菜单，事先预备好材料就行。有时，不少客户会自己带来材料，美琳就比较省事。厨房里美琳通常会备好油盐酱醋等杂七杂八的调味品，每个月的耗费在500元左右，房租水电则是1000元左右。再除去每月支付给钟点工600元的人工费，剩下的就是她的盈利。

随着"自助厨房"口碑的不断推广，在周一至周四预约的人也多了起来。有时，甚至是白天一拨人，晚上一拨人。美琳根据顾客的需求，又推出了一些人性化的服务，比如，有些人不爱自己动手做饭，美琳会帮忙联系私家厨师，来现场动手做菜，或者针对想办西式派对的客户，还会请糕点师傅到现场来操作等。

随着客户的增加，美琳的收益也在逐渐增加。一个月的纯利润大概在3000元到5000元。如今，做上了瘾的美琳打算在其他小区再租两间房子，再开两家"自助厨房"。

28 创业模式

鲜奶蛋糕里“切”出的机会

你能从一块小小的蛋糕上，发现商机吗？也许很多人都会摇头，但有一个人做到了，他就是红宝石食品有限公司总裁过秉忠。

在过去 22 年的时间里，过秉忠始终在做一种小小的方型蛋糕，这种蛋糕名叫“鲜奶小方”，虽然这种蛋糕看上去十分简朴，毫不抢眼，但它却牢牢地抓住消费者的心。20 多年来，红宝石公司一直保持着千万元的销售额业绩。

过秉忠在 20 世纪 60 年代，曾在英国定居。由于受到西方文化的影响，过秉忠对类似西餐、西点类的西式元素很感兴趣，而这在当时的中国，尚属于稀罕的洋玩意。过秉忠心里暗想，中国也应该有这样的食品文化。

后来，过秉忠回到了国内，空闲的时候，他经常去西餐厅打发时光。他发现，当时的西餐厅卖的蛋糕多半都是人造奶油蛋糕，鲜奶油蛋糕却十分少见。而这一类产品在国外早已是司空见惯的了。此时的他便有了创业的打算，想开一家自己的蛋糕店。

由于当时的上海的开放程度相对较高，于是他便把创业的立足点选在了上海，不久就成立了红宝石公司。他主要负责引进国外的技术与设备，由中方委派人员管理。1987年，过秉忠的第一家红宝石门店在华山路正式营业了，店里的主打产品便是鲜奶蛋糕。

当时由于华山路附近正在建造希尔顿、贵都这样的五星级酒店，所以吸引了很多西方人士，于是这些习惯于吃西餐、西点的外国人就成了红宝石的固定客源。

除了这部分稳定的客源之外，红宝石坚持靠口碑来宣传，“关键是要让人尝到这个味道”。对此，红宝石有自己的打算。当1个人因为过生日购买了红宝石的蛋糕，分享的人约为10个，在这10个人中间，就可能会产生购买力，只要其中的几个人下次购买了红宝石的蛋糕，那就形成了1人对多人的辐射效应。

鉴于此，红宝石开始以促销的方式，吸引客户进店品尝。由于当时同类型的食品几乎鲜有，尝到甜头的客户开始养成了先入为主的习惯，红宝石也通过口口相传的方式逐渐扩大了市场影响力。

传统奶油的做法是采取植物鲜奶（从植物油中提取）作为原料制作奶油，而红宝石选择的是以动物鲜奶作为原料制作奶油，其口感有别于一般的鲜奶蛋糕。结果，这种蛋糕一面世，就受到了广大消费者的喜爱。

实际上，采用动物鲜奶制作蛋糕的技术并不高，但对于成本以及客观条件的要求较高。目前，10吨牛奶只能提炼1吨的鲜奶油，在制作的过程中需要全程冷加工操作，且奶油很难成型，因此对蛋糕制作的要求也非常高。

此外，动物鲜奶油对于温度也有一定的要求，一般控制在0–5摄氏度，同时，保质期很短，一旦超过24小时就没法保证口感。因此，在流程上，一般当天中午 12 点，红宝石的运输队伍陆续将蛋糕送到门店，到下午 5-6 点开始打折销售，第二天上午对折销售，未售磬的大蛋糕切块包装销售，等过了中午 12 点，剩余的蛋糕全部销毁。

在过秉忠看来，原材料的价格、品质等因素都直接影响到产品的成本以及品质，于是，在选择供应商方面，过秉忠也提出了严格的要求。上述流程以及直营店的模式都保证了产品的品质。

随着生意越做越大，过秉忠也有了扩张的冲动。在 20 世纪 90 年代初，红宝石正式迈出了向外省扩张的步伐。而对于上海区域的开拓，一直被过秉忠视为自己经营的重心。为了保证红宝石在上海蛋糕界的地位，过秉忠可谓是下足了功夫。对于每一次新店的选址，他都设定了严格的指标，像租金、位置、人流、车站数量、同行分布、是否有商务楼等因素都是红宝石要考察的重点。所选的店址只要有一处与指标不符，就会被淘汰。

在这个世界上，能赚钱的生意有很多，对于创业者来说，倘若能够抓住其中的一个机会，就有可能获得成功。一块小小的蛋糕虽然在别人眼里不算什么，但在过秉忠看来，却可以做大文章。于是他用了 20 年的时间，把这块小小的蛋糕做成了如今众所周知的知名品牌。他的成功是在告诉所有的创业者，不要小看那些小小的机会，那里面也许蕴藏巨大的商机。很多人总是梦想着有一天能做大生意，赚大钱，可在过秉忠看来，从那些小机会中，寻找商机似乎更有把握，也更容易成功。

下篇

黑马变黑前

创业永不止步，创业永远在路上。在我们读着这本书畅想未来的同时，无数个有志、有智的创业者正在创业之路上快马加鞭，或许他们当中就有明日新星，也许他们终将默默无闻，但无疑他们是一群正在奔腾的黑马！

1 创业模式
小剧场的微变身

在重庆市黄桷坪 501 艺术区，有一家“寅子小剧场”，这是一个很特别的小剧场，它是重庆市第一家民营独立小剧场。黄桷坪一直是西南当代艺术的根基，也是重庆独立艺术家和音乐人的聚集地。“寅子小剧场”创立于 2010 年，创建人名叫胡音。

小剧场未经粉刷的赤裸墙壁上，四处张贴着戏剧海报和油画作品。它的面积很小，只有 100 平方米，不大的空间一侧整齐摆放着一排小沙发。跟那些豪华的酒店或音乐厅比起来，简直是小巫见大巫，但在胡音看来，这里却是一个让人倍感温馨和亲切的地方。没有活动的时候，来玩的朋友可以在这喝喝茶聊聊天。剧场的右边有一个小小的舞台。吉它、话筒、音响一应俱全，看上去似乎随时都可开一场演唱会。

在创建了这个小剧场后，胡音又多了一重身份—— 重庆微型企业第一人。胡音毕业于四川美术学院，毕业后进了上海一家设计机构，专门为五星级酒店设计内饰。这是一份人人羡慕的工作，但胡音并不喜欢，在她眼里，这份工作除了设计，就是在全国各地飞，难有闲暇去做自己喜欢的事。

她是一个视音乐如命的人，每到一个城市，她第一件事就是去找喜欢的听音乐的地方。上海有很多放音乐的小场子，自然就成了最吸引她的地方，每次去上海，她都会跑到那些小场子去坐一坐。

可遗憾的是，她所生活的重庆却没有这样的地方供她消遣，想要安安静静地听音乐简直成了一件奢侈的事。怎么办呢？于是，一个想法从胡音的脑海里闪现了出来，何不自己创立一家小剧场呢？

朋友们也很支持她，于是她便辞了职，在艺术气息浓厚的黄桷坪 501 艺术基地租了一间房，成立了寅子小剧场。

“寅子小剧场”主要业务是，定期或不定期地举行原创音乐、影像、绘画等艺术类型的展示表演及交流活动。

“寅子小剧场”的“处子秀”，是由四川美术学院的两位老师创作的一个只有几分钟的简短演出，当时的观众有 501 艺术基地的艺术家、西西弗书店的编辑、还有一些川美的学生。这场演出的反响很好。紧接着，胡音就举办了第二场、第三场演出。随着演出的不断增加，这个小剧场的名气也渐渐大了，很多艺术家、歌手等等都来找胡音谈合作。

2010 年 8 月 10 日，内地知名民谣歌手钟立风的小型演唱会的举办地就选在了“寅子小剧场”。结果，演唱会非常成功，更多的人知道并记住了胡音，同时也知道了这个“寅子小剧场”。

这让胡音下定了创办私人小剧场的决心。五场演出之后，胡音开始意识到，她的“试验田”成熟了。然而，就在这紧要关头，胡音遭遇了每个创业者都会遇到的瓶颈——资金链断裂。由于演出频繁，加上要交租金，胡音的资金链出现了问题。她急得像热锅上的蚂蚁。

天无绝人之路，就在这时，她突然在报纸上看到一则新闻，说政府准备大力扶持微型企业。胡音对照自己的情况，觉得自己这样的规模刚好符合微型企业的要求，她欣喜若狂，立刻开始着手准备创办微型企业的申请材料。她先给企业取了个名字：寅月文化传播有限公司。随后，从提交申请、公示，到初审、培训，仅仅过了15天，她便通过了一系列考核并领取了工商执照。没多久，她就拿到了政府补助的5万元扶持资金。

有了这笔资金的支持，她首先升级了工作室的基础设施，建立了公司的网站，同时也有能力去邀请一些新的艺术家和音乐人，生意就这样慢慢地回归了正轨。“寅子小剧场”通过各种活动扩大了影响力，每一种类型的活动都积累起一大批资深发烧友。活动的票房收入平衡了成本，而在影响力扩大的基础上，收获的企业赞助成为最直接的盈利来源。

商业模式的完善将“寅子小剧场”推上一条高速发展的通道，民谣访谈计划、艺术沙龙以及原创舞台剧，每一个方向都连接着清晰的收入盈利点。而利用微企业这样一种独特的身份和平台，“寅子小剧场”正在引起资本市场的关注。

胡音想在5年内，让公司成为集艺术、剧场、旅游为一体，最好是成为重庆的一个旅游新兴地标。她设想“寅子小剧场”将来会是一个多层楼的建筑，里边分有舞台区、剧场区、露天派对区。

目前，胡音给公司的定位是希望能够引导一种文化方式，一种新的商业模式。

如今，“创业”这个词已经成了人们嘴里最常见的词汇。创业代表着人们通过自己的双手创造财富的愿望。很多外出务工的蓝领在外辛苦漂泊多年之后，渴望自己能独立做点生意，摆脱给人打工、听人吆喝的现状，更重要的是可以让自己的钱包更鼓些，日子过得更好些。而很多拿着丰厚薪酬的白领，他们也许是过够了朝九晚五、上班刷卡那一成不变的日子，也许是想要独自打拼、挑战自己、证明自己的能力。创业的愿望总是不时在脑海里涌动。

但现实和想象之间永远存在着距离。当美好的想象遭遇残酷的现实，很多人都会垂头丧气，败下阵来。问题也许就出在以下三个方面：

一是很多人好高骛远，做梦的功夫远高于亲手实践的功夫。他们渴望自己是巴菲特、比尔·盖茨，一心想要做大生意，赚大钱。殊不知，世上只有一个巴菲特、一个比尔·盖茨。二是很多人想法虽好，却准备不足。创业首先要解决的问题就是资金问题。创业没有资金，就等于是汽车没有轮子。三是眼光受限，难以发现机会。这个世界从不缺少机会，缺的是发现机会的眼睛。

胡音是有眼光的，由于商业嗅觉灵敏，所以她意识到创办一个“寅子小剧场”就可以为重庆那些热爱艺术的人提供一个聚集地，一个栖身之所。这个小剧场是重庆有史以来第一家，理所当然，它会将所有身居重庆的热爱艺术的人吸引过来，甚至还吸引了其他城市的画家、音乐人等等。星星之火可以燎原，“寅子小剧场”这颗小火星在胡音的手下开始发光发热了。

正如一个评论家所说：“寅子小剧场”能够微变身，源于一个“微”字的聚焦和放大。正是在目标人群、产品、渠道、商业模式、企业组织等方面进行“微”的专注和聚焦，而后把这种效应进行放大、扩散，形成一种独具特色的品牌裂变和聚变。

小微企业的本质在于“小微”，既然如此，就要把小和微进行聚焦、聚焦再聚焦，产生聚焦效应后自然就达到放大的效果。这是小微企业的真正优势和核心竞争力。

2 创业模式
微电影的创意启示录

如今的时代是一个商业的时代，有商业便有竞争，要想让自己在竞争中立于不败之地，进而发展壮大，靠的就是创意。可以说，创意对于所有创业者来说，都起着决定性的作用。这需要创业者有一双善于发现机会的眼睛，能够从别人看不到机会的地方发现机会。近几年来，我们常听到一个词“微电影”，显然，它和传统意义上的电影大为不同。

所谓微电影是指专门运用在各种新媒体平台上播放的、适合在移动状态和短时休闲状态下观看的、具有策划和系统制作体系支持的完整故事情节的短片，内容非常丰富。“微时放映”（30 秒—300 秒）、“微周期制作”（1—7 天或数周）和“微规模投资”（几千－数千 / 万元每部）是其三大特征。适合于多媒体及现代化网络、手机视频、电梯广告等多种平台展出播放，更具有娱乐性、创意性和广告价值。一般情况而言，微电影的制作周期短，时效性强，更贴近大众生活。

微电影是一个非常具有商业潜力的模式，桔子酒店就曾依靠星座系列的微电影极大提升了知名度。“青元素”作为一个内容型企业，需要明确自己与主流视频网站的区分，因为他们也同样在拍微电影，并且还有海量的用户资源作为商业支撑。对于微电影的未来，将会变成“广告电影”，把广告拍出电影的水准来获得消费者的关注目光，这才是真正的革命。

了解微电影的人，一定对蔡星这个人不陌生，他就是“青元素”微电影的创始人。圈内人都把他看成是“微”时代创业新星。

“青元素”开创了一个新品类，市场广阔，要抢先推出适应市场的系列作品，占据行业的领导地位。

蔡星创业起点是从大学时期的“白菜帮工作室”开始的。2006 年，蔡星考入了北京邮电大学数字媒体艺术专业。大一刚入学时，他无意中看到了一则消息：一个月后，学校将举行一场视频创意大赛。蔡星当即就产生了浓厚的兴趣。

于是，在他的倡导下，他和几个同学成立了一个工作室，取名为“白菜帮工作室”。为了参加这次比赛，几个年轻人各司其职，紧锣密鼓地准备着。最终他们带着这部短片参加了大赛，结果竟然一举夺魁，得了第一名。

蔡星第一次尝到了成功的滋味，备受鼓舞。于是他和他的团队决定继续做下去。2007 年 11 月，蔡星带着他的作品参加了由电影协会举办的“第十四届北京市大学生电影节短片大赛”，结果获得全国 29 个优秀作品之一。随后，又在 2008 年初，参加了首届“动感地带杯”校园创意大赛，获得了动画组的二等奖。

频频获奖，这让初出茅庐的蔡星信心更足了。此时，他萌生了创业的想法。触及微电影，对于蔡星来说是一次意外的发现。

在学校制作视频参加比赛的过程中，蔡星结识了很多青年导演。慢慢地，他了解到很多年轻的导演是没有机会拍摄电影的，他们没有一个证明自己能力的平台。蔡星心想，如果有一个平台，可以将很多低成本、好创意又有教育意义的剧本由年轻的导演来拍，再送到学校去展播的话，这样就能形成一个导演、电影和观众对接的链子，不仅可以为那些年轻导演提供一个发展的空间，还能够为广大学生带去一个全新的视觉享受，同时还可以通过一些商业活动，赚取利润。

于是，在2009年5月，蔡星发起了“青元素影投计划”。然而，想法是好，但却在实际运作中遇到了困难。当时蔡星的资金十分有限，难以支撑一部电影的制作。于是，他想到了自己之前做的视频片，何不改电影为“微电影”呢？这个想法立刻闪现了出来。

虽然都是用电影语言来讲故事，但和传统电影比起来，微电影形式短小，更适合在手机等各种新媒体平台上播放，商业模式也更灵活，可谓优势巨大。

结果，他的创业计划得到了中国光华科技基金会全国金奖扶持项目的扶持。2010年10月，青元素又获得YBC的支持，成为了YBC大兴办扶持的第一个文化创意项目。有了这些资金的支持，蔡星的微电影计划也开始步入了正轨。

现在，青元素已经签约20多位青年电影导演，40余部作品在北京大学生电影节、日本横滨电影节等获奖或提名，2011年6月，青元素与CCTV移动传媒合作，在北京241条公交线路，2万多块移动电视荧幕上线中国第一档微电影电视栏目《移动光影》。作为中国首批全球杰出青年社区代表之一，蔡星还受邀参加了“第五届世界经济论坛（达沃斯论坛）2011年新领军者年会”，并作为中国青年企业家代表之一参加了在法国举办的“G20青年企业家峰会”。

蔡星对于青元素的业务有着清晰的界定，他的主打业务就是制作一些弘扬中国传统文化，特别是传播企业文化以及社会责任的微电影作品。他说："文化创意发展需要很多跨界的文化，需要将新媒体结合起来，我们要用一种"80后"、"90后"看得懂的方式去传播中国传统文化。"

如今的青元素有自己的编剧、制片和导演。他们首先是根据企业的需求确定方向，编剧团队写出一些剧本给客户挑选，确定剧本后，做制片预算、匹配导演、拍摄、后期制作。同时，也兼顾一些推广工作。

随着3G手机、视频网站的普及和人们版权意识的增强，微电影的市场潜力是巨大的。仅仅在一年前，百度搜索里关于"微电影"的词条只有3个，而如今却已增加到了600万个，这正是微电影发展潜力的表现。蔡星具有灵敏的商业嗅觉，他在接受记者采访时说："现在盛大开设了微电影平台，新浪也有微视频大赛，征集原创作品。据我了解现在中国移动、中国电信都建立了视讯基地，搭建起了平台，那么对内容的需求也会越来越大，我们的规划是从做'内容'到做'品牌'再到做'平台'，这可能需要几年，我们更看好未来移动互联网微电影的市场。"

青元素微电影的口号是"开启全民电影时代，让大众随时随地看微电影"，这是责任也是使命。"希望大家都制作有质量的内容，相信以后会有更多的人拿着手机看视频，或者感动一下或者笑一下。手机上网速度会越来越快，消费会越来越便宜，不管现在如何，未来是有这个发展趋势的。"对于公司以后的发展，蔡星说更希望作为一个出口、平台、渠道，让更多人看到富含传统文化、公益元素的内容。

对于创业者来说，机会无处不在，关键是看你有没有一双发现机会的眼睛。蔡星的眼光是独到的，当他看到那些乘坐公交和地铁的人不是摆弄手机，就是茫然四顾时，一个充满创意的念头慢慢地在脑中浮现了出来：当人们受到无聊情绪侵袭的时候，大多数人都会想摆脱无聊的束缚，而微电影正好可以给这些乘客提供点让他们消遣的东西，因而更符合他们的心理需求。此外，正如蔡星所说，微电影能够为那些想拍电影，但又没机会拍的年轻导演们，提供一个发挥的平台。同时，对于所有企业来说，微电影无疑是一个提高知名度，扩大影响力的理想通道。这些因素正是蔡星创意的来源。

如何来定义一个创意到底是好是坏，要看能否提供给广大消费者所需的服务。在蔡星看来，就像是蜜蜂总会朝香气扑鼻的花飞去，如果一个创意能够满足别人的需求，给别人提供便利，那么，它就一定会受到人们的热捧。所以，创业想要取得成功，就必须要站在广大消费者的角度考虑问题。因为满足了消费者的需求，所以受到青睐，这正是蔡星创业成功的根源所在。

3 创业模式

恰当地使用广告

在这个商业时代里，机会到处都是，但它从来只青睐那些有与众不同的创业点子的人。从某种程度上说，创意就等于商机。如果你总是跟在别人后面“吃别人嚼剩的馍”，终究无法成功，甚至很难存活。但如果你的创业点子够特别，对广大消费者具有极大的诱惑性，那么你的商业前途必将无限广阔。

一说起广告，绝大多数消费者都会眉头紧锁，厌恶至极。这样反感的情绪自然是有原因的。无论是电视节目、手机讯息，还是网络上，到处弥漫着铺天盖地的广告。而更让人反感的是，大多数广告都枯燥无味，味同嚼蜡。如此一来，在广大消费者眼里，广告就成了“瘟神”，多看一眼都想吐。而这对那些投入大量资金做广告的商家来说，可谓是天大的噩耗。每年不知道有多少商家在广告上不遗余力地烧钱，可最终的效果却微乎其微。这样的现状一直以来都在困扰着商家。

那么，有没有一种方法，能够改变这种令人尴尬的现状呢？也许有人会认为这是不可思议的，但一家名叫“乐够乐透”的网站就打破了这种局面。

这个网站是做什么的呢？简言之，它是一家将广告当作主题内容的网站，它将各种“足够有趣”的游戏与广告融为一体，吸引受众找上门来，主动体验，让人们在娱乐中自动自发地接受广告。可以说，在当今的广告界，“乐够乐透”绝对是一个异数。

它的创始人姚继胤是一个商业嗅觉十分灵敏的人。做这个网站已经是他的第三次创业了。姚继胤起初在法国经营一家贸易公司，但在2007年，公司遇到了瓶颈，一时找不到理想的出路，于是他便卖掉了公司，回国创业。但万事开头难，直到2008年底，姚继胤还是一头雾水，毫无方向。

一次，他突然想起妻子曾给他讲过一个英国百万格子屋的故事：一个很有创意的英国学生将一个网页分成100万份，每个网格卖1美元给商家作为网站链接。当众人纷纷投来质疑的目光时，这个仅有21岁的学生却在短短4个月内神奇般地把100万个格子全部卖光，成功赚得100万美元。

刚开始听到这个故事时，姚继胤一脸不屑，他认为那个网站是眼球经济，没有核心价值。然而，现在这个缺乏价值又似天方夜谭的百万格子屋却激发了他的创业灵感。他突然意识到，原来网站主题内容可以是单纯的广告，并且还能盈利。那么如果创建一个以广告内容为主题的网站，并且打造一个更加新颖的模式，既能满足企业投放广告的需求，又能让网民在娱乐中接受广告效果会如何呢？

说做就做，于是他展开了前期调查，他每天对着搜索引擎，浏览国内外互联网所有与广告相关的网页。结果，他发现虽然市场上有很多广告试用品体验相关的网站，但那些网站采用的都是传统的图片加文字的广告形式。这种老套的形式不仅缺乏趣味性，而且商家欲发放试用品时也缺乏针对性，需要人工筛选广告受众人群，过程既繁琐又不科学，而且准确度很差。绝大多数网络广告都一直处于一种配角地位，真正意义上的以广告为主题的网站从未出现过。姚继胤认为自己的机会来了。

于是，在2009年，他成立了上海朗景网络科技有限公司。先花了两个月时间进行资源整合，包括组建团队、整合创意和营销，把游戏公司和二维码公司等上下游产业链资源也整合进来。到了这一年年底，“乐够乐透”网正式上线了。

这个网站的设计，十分独特。它为商家设计了很多广告产品的海报拼图游戏、互动问答游戏、找茬游戏等。例如，网民参与“乔治·阿玛尼千熙黑曜岩蕴能焕颜凝霜”广告体验，可以在免费获取一份试用品的同时，还能赚得1500个金豆，再消耗400个金豆，参与“兰蔻洁面乳”海报拼图游戏并抽奖，就会有机会获得兰蔻提供的市场价为80元的海报宣传产品。无疑，对于广大消费者来说，这样的互动方式着实具有巨大的吸引力，它会吸引那些目标消费者去主动点击企业logo，体验商家的广告产品。

而它的网站后台广告效果分析系统会计算出网民体验的产品和次数，锁定商家潜在用户，从而获取广告精准投放的第一手客户资料。“乐够乐透”便可根据体验产品的网民数量，参考后台收费模式，向商家收取广告费用。

广告网站靠的是广告盈利。姚继胤把自己的付费方式定义为按行为付费，每当消费者完成一次互动，网站就找商家收一份钱。跟如今流行的按点击付费和展示付费相比，其精准投放和成本控制为根本的模式，既保证了广告的曝光率，也保证了产品的成本值，这种付费方式对商家而言，资金的回报率明显更高。

于是，网站很快就吸引了很多商家前来入驻。像岩舞空间攀岩馆、克鲁斯堡台球俱乐部、也买茶、中国移动、兰蔻、HR赫莲娜等商家都向“乐够乐透”抛出了橄榄枝。随着这些商家提供的免费奖品逐渐增多，“乐够乐透”网的试用品、奖品开始丰盛起来，网站人气也越来越旺。到6月份，公司仓库里堆下了价值1000万的赠品。于是，姚继胤决定开始投入大量资金做网站推广。

从搜索引擎优化、EDM（邮箱直投广告）、贴片广告到SNS网站软文，他全线出击。在此过程中，他意识到关键字的购买的效果是最明显的，但凡网站宣传过的产品，公司都把关键字买下，在SONY、诺基亚、兰蔻、伊莱克斯等进驻品牌的力捧下，“乐够乐透”开始慢慢进入广大消费者的视线。

8月份，公司为兰蔻做的一次营销活动中，所有1000个赠品在一个月内全部赠完，点击查看活动的人数超过2万。随着商家的逐步进驻，网站逐步细分至餐饮美食、美容护理、文化娱乐等6大板块。不少注册会员的兴趣点，已可以通过密集的活动参与次数总结出来。这将成为更精准的广告和活动的投放依据。

在谈到网站的未来发展时，姚继胤认为，“乐够乐透”只有持续创新才能在市场上立足。而广告的趣味性和奖品的吸引度则是公司的关注重点。此外，他打算跟手机广告商合作，把“乐够乐透”的商户广告植入到合作方的移动互联网广告中。同时，“乐够乐透”还会利用网站的精准定位，挖掘出潜在客户，再利用二维码技术，有选择性地向手机用户投放优惠券，吸引用户到店内购买。虽然乐够乐透的具体操作模式在不停地变化，但它对企业广告娱乐平台的定位和按广告效果收费的模式是永远不会改变的。

机会对于任何人来说都是平等的，任何人都有机会成功，任何创业者都有可能把生意做大，但却并不是每一个人都能在机会悄悄来临时将其牢牢地抓住。所以，总有一些人终其一生都郁郁不得志，而有些人，能够抓住机会，从而开创一片属于自己的天地。

4 创业模式

将科普趣味化

做一个科学松鼠会——这是一群充满活力的年轻人的梦想，他们像松鼠一样拨开科学的坚果，享受着坚果内核的营养。科学不再是那么枯燥和乏味，而充满着乐趣。松鼠会已经成为以商业实现理想的手段，而不是以掘金为目的的模式。而这种让商业和理想实现完美结合的就是果壳传媒CEO——姬十三。

姬十三完成了一次又一次的华丽转身，从让人羡慕的复旦大学神经生物学博士，到专职科普写作的作者，到2008年发起科学松鼠会在科普圈和NGO圈一鸣惊人，再到2010年底创办果壳传媒，成为果壳网的CEO。每一次成功都在实现着自己的梦想，也在一次次微小的机会中不断地前进。

姬十三从2004年开始涉足于专栏写作，当时他还是复旦大学神经生物系的博士。他以深厚的专业知识，幽默的文笔，将枯燥的科学知识融入到好玩的故事中，浅显易懂。正如他的一位朋友形容他：“姬十三善用生物学术语创造一门新的流行文化派别，学院派的顽皮，进入大众流行渠道，很容易为热衷于智力游戏的年轻人群效仿。”

2007 年，姬十三面临着人生中一次重要的抉择，是继续自己的专业还是成为一个自由撰稿人。博士毕业的他可以拿着优秀的毕业论文，像大多数同学一样申请去国外继续走学术的道路，或者留在上海找一份稳定的工作，但他最终的决定是成为自由撰稿人。这是他的第一次华丽转身，这次选择也开启了姬十三新的人生之门。

毕业后的半年，每周发表三篇科学小文章，让他迅速赢得了一大批粉丝，并且也获得了接近每个月一万元的收入，但是过于单调的生活让姬十三感觉到乏味，他在心中不断的积淀和酝酿着新的动作。

如何让科学更多地走向大众，如何让有相同理想的人能够共同分享科学的快乐。网上论坛是姬十三首先想到的方式，也是一个可行的方式。姬十三自己是这么形容网上论坛的优势所在：“多人协作的作用与个人的单打独斗是完全不一样的，且不易放弃。写作是一个孤独的过程，科学这方面人很少，能得到别人帮助很重要。”

2008 年 4 月，姬十三创建的 “科学松鼠会”的群博上线了。与其他博客不同，这个博客的博主们被戏称为“松鼠”，他们多是国内外的自然科学类博士，或在媒体任科学记者、科学编辑，他们都擅长用轻松的笔调将乏味严肃的科学知识写得有趣。这群充满朝气和活力的科学青年，乘着互联网的东风，让这种充满幽默的科普迅速蹿红，并且通过网络博客群的影响以及定期举办的线下读书会、观影活动等，“科学松鼠会”的品牌被口口相传。到 2008 年底，群博客日访问量超过 3 万，而访问量的增加仅仅是成功的一部分，更为重要的是 100 多位科普作者的陆续加入，为这一群博客源源不断地输送着能量。这就是科学幽默化、“松鼠”化的魅力。

荣誉随着“科学松鼠会”的成功接踵而至，在 2008 年 11 月揭晓的德国之声全球博客大赛中，“科学松鼠会”荣膺“最佳国际博客”和“最佳中文博客”双料大奖。线下活动也开展的有声有色，除了定期举办的科技读书会和观影活动，还将优秀的科普文章结集出版，尝试组织对贫困地区开展科技扶贫，举办了“2009 科学嘉年华”等等好评如潮的活动。线上博客和线下活动的互动为新生的“松鼠会”迎来了一个个荣誉，2009 年，“科学松鼠会”蹿红入选 2008 年度中国十大科普事件；“松鼠会”策划出版的科普文集《当彩色的声音尝起来是甜的》获第五届“国家图书馆文津图书奖” ；同年 5 月，“科学松鼠会”更是被南方《人物周刊》评为 2009“中国骄子”青年领袖。

接连不断的嘉奖给新生的“松鼠会”带来了无限的风光，但是资金和人员的匮乏让“科学松鼠会”举步维艰，怎么来解决这个问题。他和“松鼠们”都觉得松鼠会是个公益组织，应该通过公益组织的方式进行解决。2008 年年底，姬十三开始申请松鼠会的 NGO 资格。但是传统的公益圈的人认为，只有那些帮助弱势群体的团体，才具有公益性质。科普算不算公益？是一个有争议的话题。正是在这种理念下，科学松鼠会没有获得公益孵化器的支持。

姬十三也常常被人问到：“你们在帮助谁?”他回答说：“我们在帮助城市青年人提高科学素养。”而对方的回答是：“你们是锦上添花，但不是雪中送炭。”申请 NGO 失败，使得“科学松鼠会”在整个 2009 年并没有拿到任何 NGO 或者基金会的支持，即使是一些类似壹基金典范工程的奖项，由于松鼠会非民政部注册的身份，也没有资格去申请，这与科学松鼠会获得的荣誉形成了鲜明的对比。是继续发展还是自生自灭?

NGO 的路行不通，松鼠会只能通过注册公司来解决资金的问题，虽然松鼠会本身并没有任何赢利的打算。在中国，大多数原本试图注册 NGO 的组织，最后都以工商注册公司的名义生存。这种迂回曲折的途径，是许多草根 NGO 的选择。“这是一种普遍的现象”，姬十三说，“没有办法之后的办法。”

2009 年 1 月，经过松鼠会几个核心人物的讨论，决定在北京正式注册了一个文化传播公司。三个月后，姬十三辞去先前的工作，注册了“北京一群松鼠文化传播有限公司”，专职成为这家公司的首席执行官。他们开始通过商业的运作，为科学松鼠会提供资金上的保障。而收入几乎都靠公司接下来做的零散项目，可能是帮电视台策划一个节目，可能是政府的一个科学项目，也有可能和一些大型企业合作，还有一部分来源于股东们追加投资的一部分(姬十三也在继续往里投钱)。

公司的成立给姬十三以及资深“松鼠们”带来了一个新的困惑，一方面是害怕这么一个优秀的团队最后因为资金问题而死掉，但同时，他们也担忧他在商业上走得过于偏远。姬十三再次作出了一个决定，把科学松鼠会和文化传播公司完全分开，将原有的公司更名为“北京果壳互动科技传媒有限公司”。把公司赚的钱一部分支持给松鼠会，作为基础运营的费用，这样做可以把科学松鼠会变成真正的 NGO。如果成功，姬十三的团队中，有些人可能得同时携带两张名片，一张是商业的，一张是公益的。从而形成“以商业反哺公益，公益寻找基金支持”两面都做大的局面。

努力终于获得了收获，面临身份尴尬多年的科学松鼠会得到了北京朝阳区科委的大力支持，成为了主管单位，发起成立一家非盈利机构——北京朝阳区哈赛科技传播中心。在这个完全公益的架构之下，松鼠会将定位成青年科学传播者俱乐部，为行业培养后备人才。

同时，商业方面也在不断地获得成功。2010 年，姬十三开始希望建立一个更广阔的平台——“科技青年社区”，实现更多人的科技分享。因此一个专门的门户网站——果壳网应运而生，它在果壳互动科技传媒有限公司名下运作。相对于松鼠会，果壳所发的文章“门槛更低、更有贴近性也更有趣”。果壳网同时实现了科普与商业的有机结合，果壳受到了一线品牌的青睐。在其客户的名单里，赫然有通用汽车、通用电气、IBM、宝洁、欧莱雅、大众、奥迪等国际品牌。相对于传统的公关公司，具备科技背景支持的果壳传媒优势明显。它在果壳网页上没有任何广告栏，而是通过提供有科技含量的内容为知名企业提供传播他们对科技的关注的渠道，展示他们对科技的重视。

除开果壳网，果壳传媒名下另一个名为“果壳阅读”的图书品牌也在发展之中。“未来还会拓展其他渠道，但果壳网仍是我们整个战略布局的核心。”他说。

从一个生物学博士，到公益事业的推广者，再到一个CEO，姬十三在不断的前进，同样也在用科技改变着人们对公益、对生活的认识。

一个充满创意的理念，往往就蕴藏着巨大的机会。姬十三的创业故事正好说明了这个道理。公众需要科普知识，特别是面对一些热点问题。姬十三用他的科学松鼠会为广大科盲掀起了科学的盖头，使他们意识到原来科学也可以是有趣的。

5 创业模式
抓住电商的蓝海

如今，在类似于北京、上海、广州等这样的大城市，由于电子商务时代的来临，居住在这些城市的居民生活已经变得十分方便。无论想买什么，只要登陆某个购物网站，选中想要的商品，点击购买，就能在极短的时间内，收到货品。于是，所有电商为了扩大市场、拉拢顾客，都将目光死死地盯在这些城市里的用户们身上，他们绞尽脑汁地不断完善自己的服务，为的就是能够抓住这些用户。然而，却很少有人注意到三、四线城市居民在这方面的需要。与那些在一、二线城市生活的居民相比，生活在三、四线城市的居民就不那么方便了。通常，他们很难买到品牌产品，一直以来电子商务所带来的好处，似乎并没有作用在他们的身上。

就当所有人都把目光放在那些大城市的时候，有一个人却对这些三、四线城市产生了兴趣。他就是爱购网总裁张宇。

张宇出生在农村、生活在农村，由于农村的信息相对闭塞，所以那里的人们很难能像大城市里的居民那样生活。他们所买的产品，通常都是些低挡产品，或是已经被大城市里的人所淘汰过的产品。这个印象一直深深地印在张宇的脑海里。

多年之后，张宇成了美国硅谷的一名工程师，之后还做过移动产品的提供商，主要从事技术及产品开发，并在移动互联网领域创业。后来，还创办了“赢点传媒”。一直以来，张宇始终在自己的创业之路上辛勤地探索。

当其他电商都试图在一、二线城市争夺市场时，张宇再一次想到了自己早年的家乡的经历。经过调查，张宇发现，现在用手机上网的用户，很大一部分是来自三、四线城市，甚至是乡镇地区的年轻用户。由于不方便使用个人电脑，手机便成了他们与互联网沟通的唯一通道，平均每天用手机上网的时间高达 3 小时以上。敏感的张宇意识到，自己的机会来了。

他认为这些三、四线城市目前还是一个无人染指的“荒凉之地”，而那些生活在乡镇地区的年轻人、大中专学生、工厂的产业工人、城市建设者、服务行业从业者、军人也将是一个巨大的消费群体。

于是，张宇开始着手准备创办购物网站的事宜，并在 2009 年，爱购网正式上线了。爱购网所采取的是 WAP 站点的形式。用户在上面浏览信息，选中商品后在下单页面，只需要留下自己的姓名、电话号码以及配送地址等信息，在三步以内就可以完成商品的订购。

目前，爱购几乎所有的订单都使用货到付款的形式，爱购的用户现阶段最能够接受的就是这个形式。为了更大范围地宣传自己的网站，张宇想到了一个最经济实用的宣传方式：到农村去刷墙体广告。

正是通过类似于这样的一次次“试探”，爱购慢慢扩展着自己的经营内容。在主流电商们血拼城市的大背景下，张宇慢慢地设计着自己“农村包围城市”的布局。

在张宇看来，要想占领这些三、四线城市，首当其冲地就是要解决好物流问题。由于各方面因素的限制，三、四线城市的用户无法像大城市的居民那样可以既方便、又快捷地完成从付费到收货的交易。于是，爱购几乎所有的订单使用的都是货到付款的形式。为了能进一步渗透到三、四线城市乡镇的用户中去，张宇还和EMS签订了长期合作协议。

张宇对于市场一直都有着深刻的了解，在他看来，目前的移动电子商务市场，主要分为山寨机和智能机两个类别。智能机的用户大多数位于比较发达的地区，他们可以通过电脑来使用电子商务。山寨机的用户，大多是经济相对欠发达地区的适用人群，缺乏使用电脑的条件，因此手机购物对他们的吸引力很大。于是，张宇开始根据市场现状，不断地对爱购现有的数据进行分析，对现有的购买客户进行分析，对客户进行调研，对于三、四线城市经济状况及消费状况也展开研究。张宇对于这个巨大的市场信心十足。

张宇认为，要想让这些目标群体了解并且接受爱购网，首先要做的就是让目标群体能够接触到爱购的服务。在三、四线城市，过去产品需要经过很多渠道才能接触到消费者，电子商务有助于产品扁平化，所以爱购的首要任务是提供更多更好的产品给消费者选择。

在张宇的精心经营下，爱购网自成立以来，呈现出了良好的发展态势。熟悉张宇的人都知道，他是一个有野心的人。对于他来说，自然不会满足于爱购网目前的规模。而张宇自己也坦承，爱购的目标并不只是三、四线城市的电子商务，它要做的是中国最好的移动电子商务公司。从三、四线市场切入，只是目前根据市场状况做出的市场选择而已。

对于移动互联网的电子商务的发展，张宇心里十分清楚。他认为这是一个必然的趋势。三五年后，移动电子商务的发展必然会成为潮流。对于爱购网来说，如何能在这个领域里做到前几名，是张宇一直都在考虑的问题。

为此，张宇认为爱购网现在需要做的就是要比别人跑得更快，在足够的时间里完成前期扩张，在现有的切入市场建立竞争优势。在公司销售越来越大的情况下，把后台管理、供应链管理做得更好。

将来在三、四线城市做到比较大规模的时候，爱购要向更高层次的电子商务或者城市用户转移。而这个转移是以提升品牌为基础的，只有让自己的品牌在广大用户的心中扎根，才有可能在未来的市场里拔得头筹。

2011 年 4 月，爱购网获得了 IDG 等公司数百万美金投资。目前，已经在爱购网上访问的用户群体有上千万，已经完成购买的用户有 30 多万。

对于爱购网的未来，张宇充满了信心，他说："互联网电商的竞争异常激烈，如何在这场竞争中成功突围，靠的就是差异化，爱购网另辟蹊径，关注手机用户群体，三、四线城市的农民工，为他们提供大众时尚服务。并且我们为这个用户群体量身订做了服务流程。"

一个人发现机会，捕捉机会的能力往往决定着他所获成就的大小。对于创业者来说，敏锐的商业眼光重于一切。它可以帮你发现别人发现不了的机会，可以帮你挖掘到别人挖掘不到的市场。张宇便源于他对机会的敏感度。在他看来，只有去到那些别人想不到的地方寻找机会，才有成功的可能。他的成功是在告诉人们，每一个领域里都有"蓝海"，如果你有足够的眼光，那么你就可以在属于自己的"蓝海"里遨游。

6 创业模式 网吧联盟

作为秒动信息科技有限公司的董事长，尹京华的创业之路是从 2001 年开始的。那时，他刚刚大学毕业，在一家国企上班，一做就是两年。然而，这两年的工作经历，让他觉得十分无聊。于是，他便有了自己创业的打算。他的第一个想法是开网吧。而对于当时的所有国人来说，根本不知道网吧是个什么东西。由于他最熟悉的是电脑，所以他本意是想开一家电脑打字店；又因为他喜欢上网，于是就顺便开通了宽带。电脑打字店很快就开业了，但生意却很少。

那时，他的很多朋友经常去他那里上网，结果竟然越来越多。渐渐地，附近的居民也成了他的顾客。

但此时的尹京华并没想到要利用上网赚钱，所以就按照当时的市场行情，随便定了个价格：一个小时 5 元。生意是出奇的好，仅仅过了半年，他的打字店已经从 3 台电脑增加到了 40 台。到年底时，尹京华已经赚了整整 10 万。

随着他的生意越做越大，吸引了很多人的目光，这些人也开始眼红起来。半年后，在尹京华网吧的周围就出现了 3 家新店。1 年后，又增加了 10 家。这些网吧都成了他的竞争对手。

其实此时的尹京华十分清楚，在那个黑网吧盛行的年代，网吧这门生意要想持续下去，就必须要拿营业执照才行。但在当时，想拿到执照简直比登天还难。尹京华陷入了困境之中。

不过，到了 2002 年，转机出现了。一天，尹京华的一个朋友找到他，告诉了他广州市开始颁发网吧执照的消息。结果，在这个朋友的帮助下，尹京华终于申请到了经营执照。

2003 年 8 月，尹京华的新网吧正式开业了，网吧的规模很大，共有 100 台机器，收费是 4 元一小时。此外，他还聘了 11 个员工。新网吧开业之后，生意非常火爆，有时甚至一天可赚 1 万元。

当时的网游才刚刚开始热起来，由于尹京华是广州最早一批做网吧的人，因此，很多游戏代理商对他非常熟悉。在他们的建议下，尹京华开始经营网游生意。所谓的网游其实并不是什么神秘的东西，只是一件商品。所有的商品，都需要经过推广和营销才能到达顾客手里。网络游戏是一种体验消费品，也就是说，顾客需要先体验了，感觉好，才会考虑付钱。

然而，顾客在哪里才能体验到游戏呢？网上的游戏很多，而一个游戏一般要达到 2G 大小，需要下载很长时间，谁愿意花这么长的时间下载呢？

于是，网吧就成为了一个最重要的载体。几乎所有网吧硬盘里除了游戏还是游戏，不需要下载，直接就可以玩。而网吧一定会有网管，网管就成为推广游戏的免费推广员。

此时的尹京华发现，很多网吧老板和网吧网管都十分关注每一款的新游戏，他们会为新游戏发行而欢呼，然后第一时间把游戏装到自己的硬盘上去。

2005年《魔兽世界》发行时，网吧老板们甚至会为了一个公测号，而用黑市价格买回去。对于这些老板来说，装的速度越快，竞争力就越大。

可以说，在网游的发展史上，网吧老板和网管对于网游业的发展做出了巨大的贡献。甚至可以说，他们是这个行业的推动人。为了让顾客玩好，他们不断更新电脑配置，不断升级网速。

但随着电脑的不断升级和普及，这些网吧老板的生意却陷入了困境。很多网吧老板为了升级电脑，不得不投入很多资金，而原来的电脑就变成了没用的废品，但网吧的上网却还是2元钱一小时。由于网吧的同质化竞争，这些老板只有靠打价格站来维持生计。在这一轮轮的价格战中，网费也开始变得越来越便宜。

而对于这些网吧老板来说，要想代理一款游戏，就要先进货，买进点卡。同时还要帮网游公司做广告，替这些公司打广告。然而，最后游戏到底好不好，点卡卖不卖得出去，却跟游戏商毫无关系，因为点卡已经在网吧老板手里了。这个过程中，发财的是那些网游公司，而网吧的生意却一落千丈。

对于这一切尹京华都看在眼里。为什么如此庞大的市场，他们却赚不到钱呢？在他看来，除了收取上网费之外，网吧增值业务的开展几乎在所有网吧都约等于零。既然网吧在网游推广过程中的作用如此重要，那为何不去尝试着利用这个平台去创造更多的价值呢？

机会终于来了。当时网龙公司刚刚面市，推出了《魔域》，但却不被人看好，于是尹京华便成了《魔域》的广东总代理。

按照事先的预想，他先是在自己旗下的几家网吧内进行推广。他把《魔域》的客户端入口放在电脑桌面最显眼的位置，并安排网管对上网的客人进行推荐和技巧指导。还定期开展各种竞技类活动，以丰富的奖金和礼品作为诱惑。很快，这款游戏就受到了广大顾客的热捧。随后，他又找到其他网吧，采用跟网吧利润对半分成的方式复制之前的推广模式。结果在网友间飞速的口碑带动下，《魔域》一炮而红，甚至直接促成了网龙公司的上市。而尹京华也从中获得了几百万元的分红。

很快，尹京华又陆续开发了可记录玩家行为及购买模式的专用客户资料系统，运营商业绩自动计算系统以及推广员系统。有了这一套技术支持，尹京华既能够及时掌握网吧的推广情况，在实施利润分成的时候也做到了有理有据。

之后，尹京华又陆陆续续地做了不少游戏的代理，这些代理为他赚了很多钱。到如今，他已经积累了上万家合作网吧作为推广资源。

在尹京华看来，网吧本身是一个巨大的平台，除了推广网游之外，他也开始尝试着在网吧投放饮料等传统行业的广告，从而充分挖掘出这个平台的潜在价值。

从网吧这个平台延展开来的产业链直接给予他建立开源式万连网平台的灵感。在这样一个平台上，他可以为网吧、网游开发者、创业者提供所有服务器、宽带、推广成本以及网游合法经营所需要的证件，并建立一套公平的利润分配原则，让各方都可以获得自己相应的收入。

对于未来的发展，尹京华有着自己的打算，他想要开发出成熟的产品，这样就能使得网吧行业摆脱仅仅依赖上网费存活的局限。

7 创业模式
帮助用户变废为宝

生活中，人们通常都会遇到这样一个问题，那些闲置的东西，放在那里占据空间，扔了又觉得可惜。那么有没有一种办法，可以帮人们解决这个不大不小的烦恼呢？当然有，现在有一家名叫“易物网”的网站就是专门解决这个问题的。

早在2006年，网络上一则加拿大小伙子麦克唐纳“别针换房子”的神奇故事在国内被炒得沸沸扬扬之时，国内的换客群体也随之诞生。一时间，众多易物网站纷纷兴起，以物易物的方式在这些网站上方兴未艾，很多地区性的门户网站也都乐意在自己的网站上聚集物品交换信息，提供交换平台，并且提供免费服务。

一次偶然的机会，朱人杰也在报纸上看到了麦克唐纳的消息，这个消息就如同一道闪电一般闪过了他的脑海。在广告业有过7年从业经历的朱人杰此前始终在关注以物易物市场的发展，据他自己介绍，早在2000年，雅宝就曾经推出过国内最早的易物平台“1515.com”，只是苦于当时国内互联网市场环境尚未成熟，很快雅宝的易物平台就关闭了，这项业务也就关闭了，“换客”也始终没在国内市场打开局面。

对朱人杰来说，“换物是一种需求决定价值的事情”，绝不是简单的网络炒作，他要实现的是一场由“换客”带来的网络新生活变革。2006年5月1日，在说服了自己原来的老板为合伙人之后，朱人杰的“易物网”正式在上海率先上线，开始正式投入互联网以物易物行业。朱人杰的想法显然和此前不少人有很大的区别，“最近几个月换客网站遍地开花，但我们是第一家提‘换客’这个概念的，并且打出‘需求决定价值’的口号，目前我们的市场占有率也是最大的。”

广告业出身的朱人杰很有个人的想法。以物易物，他采用了当时国内尚未有人尝试过的C2C（顾客对顾客）的模式来经营，这种全新的模式让他的易物网一经推出就受到了网民的追捧。易物网在上线之后短短的一个月时间内，日点击率就迅速超过了200万次，注册的用户也已经超过15000人，上传的物品也超过了17000件，每天的交换请求都保持在6000-7000条之间，同意交换的答复也约有200-300条左右。

当然，易物网上线初期的成功还要归功于朱人杰的广告宣传。多年的广告业从业经历让他非常重视易物网的营销活动和市场推广。从2006年起，朱人杰就在包括电视媒体在内的更大媒体上投入巨资用于宣传易物网。当时在上海繁华街区的马路上，易物网醒目的广告牌比比皆是。在强大的广告攻势下，“换客”这个概念在网络上一时风生水起，一大批“换客”诞生，这就是朱人杰创办易物网最初的预想，在易物网的催生下，“换客”这个概念很快广为人知。截至到2006年11月，易物网上就已经聚集了10万多名换客，

30 多万件患贫，日交换物品 400 件次。正是从那个时候开始，易物网的业务服务也从上海开始，向全国的其他大中城市蔓延。

与传统二手交易网站不同的是，易物网上所聚集的“换客”所坚持的理念一直都是“需求决定价值”，彼此之间要互相发现对方物品的需求价值而并非货币价值，而后才能进行交易。朱人杰用自己独特的理念来证明了这种“换”的乐趣，“换客其实不是在做一个经济范畴的事，他们都是感性的经济人，他们在交换中寻求乐趣，对他们来说，交换的唯一原则就是开心就好”。朱人杰的易物网理念迎合了大多数年轻白领和学生的需求，他挖掘出了“换客”的本质，这也是他成功的关键。不管是“换客”的乐趣，还是真正想“变废为宝”，朱人杰都看到了网络易物平台发展的一个未来趋势：以物换物正在作为一种生活方式，慢慢渗透到人们生活当中。

做网站，盈利仍旧是朱人杰的目标。如何让易物网盈利，朱人杰在摸索中逐步前进。物品交换网站只是为“换客”们提供交易平台，信息来源于注册用户，因此在信息收集上投入不会太多，运营的成本也不至于太高。考虑到各种盈利可能，朱人杰和他的团队开始研发一系列的增值服务，易物网开始为注册用户提供搜索链服务，用户在付费的情况下，可以尽可能地通过搜索链条寻找到自己所需要的物品。与此同时，易物网也在考虑为 vip 换客提供视频聊天室，给异地换客提供物流服务，推出竞价排名等等增值服务，更考虑开发一些专门的“易物据点”等等，这些都是朱人杰为易物网寻找的盈利渠道。

2006 年 9 月起，易物网针对不同的换客群体开设了不同的频道，如“校园频道”、“游戏频道”等等，对换客类别进行细分，在很大程度上为换客们提供了便利，需求的一致性不同频道的换客之间很容易就形成了专业的换客群体。

很多换客在网上易物，有一个普遍的担忧，那便是信用问题，这是朱人杰在构想易物网远大前景之余必须考虑的问题。首先，易物网在网站用户达到一定量时就实行了实名注册制度，与此同时还建立了一套“换客”诚信评价系统。每一笔成功的交易都会有双方的交易评价作为反馈。其次，在众多电子商务纠纷的前车之鉴基础上，易物网还建立了严格的货物管理管卡，包括货物发布时系统自动过滤、网络监管员时刻在线监管物品、接受换客投诉等等，充分保证互联网行信息的真实可靠。第三，易物网在信用建设方面，要求换客完成交换以后，双方要即时对本次交换做出评价，好评率高的换客诚信度就自然越高。同时，易物网还推出了“易物贝”（易物网站上的积分工具）奖励制度，很多诚信度高的用户可以积累“易物贝”，这些“易物贝”在很多增值服务中可以替代现金使用，用于消费和支付。

在个人服务方面，易物网不但花很大的气力去吸引众多的注册用户，增值服务也都围绕着培养换客的忠诚度而展开，这是朱人杰经营模式上的创举。

只不过在推行个人增值业务的同时，朱人杰也明白单纯针对个人的业务盈利还不足以保障网站的正常运营。易物网的主要盈利渠道还是集中在了企业用户上。朱人杰在 C2C 的观念已经广泛普及的情况下，一步步开始经营 B2B 模式。B2B 模式主要是要通过对企业生产资料的整合，解决资金短缺，库存积压等难题。简单说就是要用 C2C 来聚集人气，用 B2B 获取收益，以 B2B 养 C2C。

在易物网上注册成功的企业用户可以在网站上发布自己的信息，将本企业的闲置物质和其他企业进行交换，以得到自己所需要的物资。除了吸引中小企业客户外，朱人杰也开始着手去吸引大企业客户，由专人向一些大企业客户进行推广。

一个把梦想变成现实的人，一定是一个能够发现那些微小的机会的人。

对于像朱人杰这样的人来说，一个小小的点子，一则短短的新闻，都意味着一次难得的机遇，也许也就意味着一个更大的成功。这是一个处处都在讲如何抓住机会的社会，很多书籍、报纸、杂志为此都在进行不遗余力的宣传。然而“纸上得来终觉浅”，有时，也许那些机会就潜伏在每个人的身边。但却很少有人，能够去真正留意。于是，再好的机会都在不经意间与自己擦肩而过了。对于所有生活在这个世界上的人来说，除却那些患有疾病的人来说，大多数人的智商都相差无几，但当这些人去做某件事情的时候，总有人会获得成功，也总有人会遭遇失败。于是，有人就抱怨，命运对自己不公。然而，他们却不会去仔细分析一下，那些成功的人究竟是怎样成功的。

就拿朱人杰来说，他的机会来源于哪里？与其说是他幸运，不如说那是因为他善于发现机会，抓住机会。对于所有人来说，每个人家里都会有闲置物品，有时，大家也会为如何处置它们而烦恼。但却不是每一个人都能像朱人杰那样从中发现一个创业的机会，更难因此催生一个群体的出现。所以对于广大创业者来说，机会很重要，而更重要的是要学会抓住机会。抓住机会，就等于是给了自己一个成功的路子。有了这条路，就可以大胆地去走，去实现自己的梦想。有人说：“给机会一次机会，也许就可以达成梦想。”

8 创业模式 穿出创新

很多人都有这样的烦恼：想去网上某个服装店买件衣服，然后直接使用搜索去找。结果一找就是一个晚上，最终也没有找到一件满意的衣服。真是一件既耗精力，又耗时间的事儿。这是绝大多数喜欢在网上买衣服的女性消费者的共同的困惑。那么，你有没有想过，找一个有效的方法来解决这一问题呢？有一个人就针对这个问题，进行了一次大胆的尝试，而且非常成功。此人便是 LC 风格网的总裁马啦。

马啦是什么来头呢？首先需要介绍的是，她是一个对机会特别敏感的人，在她的大脑里，每天都有新点子在翻腾。对于创业，她充满了向往。

很多熟悉马啦的人，都知道她是一个善于推倒重来的人，正如她的微博签名所写："精彩的人生应该包含尽可能多的回合"。

在正式创办 LC 风格网之前，马啦一直在纸媒做与时尚和生活方式相关的内容。与很多人不同的是，她有很多个人的小兴趣，小爱好，小理想。为此，她曾做过女装设计品牌、开过古董店、写过专栏、做过策展人、品牌顾问等。一直以来，对于时尚，她有着与生俱来的敏感，也正是因为如此，她一直关注着外国和国内的时尚界。在她看来，时尚在现代中国还是个舶来品，中国的时尚产业还处于一个起步阶段。早在90年代，随着版权杂志、国际品牌的引进，时尚产业开始在中国萌芽。而经过了十年的发展之后，目前，中国的时尚产业已经进入一个高速发展的时期。

如今，人们对于品牌和时尚行业的兴趣变得越来越浓厚，使得时尚电商领域的细分已经成了人们热议的话题。从奢侈品电商的火爆，到自有品牌的传播，无一例外地借助互联网这个平台得以实现。而从数字上来看，中国在奢侈品领域的消费能力已经超过了日本，未来或许在时尚电子商务领域超过美国。这在精明的马啦看来，便是时尚电商的一个不可多得的机会。

早在2006年，当时的马啦是《费加罗》杂志的主编。那时一方面是因为兴趣，一方面是因为工作需要，马啦就已经开始关注国外的时尚新媒体。马啦是一个彻底的审美主义者，从用户的角度出发，加上行业从业者独到的敏感度，当时的她就断定在不久的将来，时尚电商和新型媒体一定会在中国的市场上普及和发展。只不过，当时国内还普遍停留在互联网门户时代，缺少大的环境、生态系统的支持。

2008年对于马啦来说，是她职业生涯发生重大转折的一年。由于受经济危机的影响，国内的很多传统媒体和互联网门户网站都被迫关闭了。而当时马啦所供职的《费加罗》杂志也没能幸免。马啦不得不解散了她苦心打造的“梦之队”，灰心丧气地离开了。这一年马啦29岁，这也是她第一次尝到失败的滋味。

经过一年的调整，马啦受聘到“12580生活播报”彩信杂志做了主编。这对于马啦来说，是一个十分正确的选择。在这段时间，由于工作关系，马啦结识了很多互联网圈内的人，其中之一就是她后来的搭档、奇艺的产品总监李森。于是，马啦就利用在 12580 生活播报工作的两年时间，完成了从传媒媒体到互联网的预热。

2010 年的一天，马啦和几个朋友闲聊，说起了有关创办网站的事，在朋友们的建议下，LC 的雏形诞生了：线下消费需要媒体杂志引导，让读者去了解什么是流行、衣服如何搭配、买什么样的化妆品等。人们以前按照这些推荐去专卖店、去逛街。而如今，是电子商务的时代，这就意味着，一种全新的时尚商业生态即将出现。有了初步的思想准备之后，在这年年底马啦开始着手进行内测，随后于次年的 3 月 8 号正式上线了。

马啦认为，LC 在互联网时尚媒体细分之后呈现出新的特色：首先，在网站视觉体验和内容品质上与传统平面时尚杂志对接，以原创、精良的内容来吸引用户，成为女性的“线上风格顾问”；其次，通过建立全网时尚电商产品数据库，将可以网购的商品与潮流、风格对应，让用户实现“点击直通购买”。

在这个过程中，马啦意识到，一两家大平台是无法满足顾客多样化的时尚网购需求的，将来会出现越来越多的独立 B2C 品牌；而中国本土设计和品牌的崛起将伴随这波电子商务浪潮到来；电商从低价竞争转向以货品、设计为主的时尚规则竞技，时尚是可以被描述，被预测的。

鉴于此，马啦认为 LC 网站的主要任务就在于：一是对时尚潮流进行专业的解读；二是打造一个全网电商货品风格与用户风格相对应的经营模式。

在马啦看来，流行就是 LC 的导购女人当季购买冲动的源头！将原来时尚资讯的文字表达升级为用可购买的单品直接讲述，媒体定位需要依靠时尚价值观来输出，而这种价值观通常都是通过视觉表现力体现出来的。所以她认为网站从 Logo、UI 设计到配色方案，都要尽量体现出时尚的品味，而且还要在每一个页面和专题里，渗透一些她的团队所讲的时尚故事，而这些工作则是由对时尚潮流趋势熟稔于心的内容编辑来完成的。

每天，LC 风格网都会上传全球最新鲜的明星街拍，内容编辑会将其身上的服饰搭配纷纷拆解，然后向广大消费者逐一讲解流行趋势。此外，还会将 B2C 网站上类似风格的商品也汇入到这些专题中去，从而让用户在了解流行信息时，能立马点击购买。这个工作量十分巨大，为了确保工作的顺利而有效地进行，马啦专门招聘了大量的编辑人员。

在她看来，在互联网时尚领域，LC 不仅在现在，而且在未来，都必须要确保所提供的时尚内容是独创的、权威性的；同时，LC 还会继续做到精准，不断地借鉴国外的经验，通过后端数据的积累和沉淀，实现为用户提供个性化服务的愿望。

目前，LC 最主要的工作是全力做好时尚内容，这些内容是以趋势专题、时尚搭配等来呈现的。当 LC 的用户数量和后台数据不断增加时，马啦的团队就会利用对数据的分类、整理及匹配，来为用户量身定做时尚内容，以此实现更高层级的风格服务。

另外，马啦十分注重产品的质量，对货源有着严格的要求。结合国内时尚产业、电商网购产品的水平，来确定最终推荐的产品。对此，LC 风格网与百家淘宝品牌，以及邦购、凡客等 B2C 品牌，以及 GAP、MANGO 的品牌电商网站达成合作，逐步建立起了产品数据库。

而在实际操作层面，马啦设立了一套独特的挑选淘宝上具有成长性的 C 店的规则，马啦把它看成是一个独立品牌，而非淘宝的大概念。同时，她还设立了对电商合作伙伴的接入选择，这是跟很多淘宝客网站不同的。在马啦眼里，目前 LC 的主要衡量标准不是返利，而是以用户体验为先，只有最大限度地推荐时尚性价比单品，才能形成用户口碑。

目前LC风格网用户增长量迅速，用户月访问量将近200万。而LC风格网合作的第三方电子商务网站和品牌也在持续增长中。

当所有人都在绞尽脑汁地寻找机会时，机会自然就会变得越来越少。这对于很多后来者来说，自然不是什么好事。然而，这些创业者如果为此而感到绝望的话，似乎就显得过于悲观了。其实，机会是取之不尽、用之不竭的东西，即使没有大机会，也会有小机会。这些小机会往往蕴藏于一些我们没有留意的地方，不易被人发觉。因此对于很多梦想创业的人来说，机会不是没有，只是需要去细心寻找。

据艾瑞咨询研究显示：时尚商品消费是当前国内网络购物市场最热门的商品，市场消费需求旺盛。一方面是用户对此类商品需求存在，特别是女性消费者对于服装、箱包、饰品、化妆品等时尚类商品的需求和消费欲望十分强烈；另一方面，时尚类商品的个性化色彩浓重，更新换代的周期短也是一个原因。

马啦说："中国的时尚电子商务网站在这两年里雨后春笋一般，中国的本土时尚品牌发展较晚，真正走国际化时尚路线的更是屈指可数，在网购充分发展的今天，本土电商可能从另一个角度整合中国制造，开始走向中国品牌时代。而LC作为专业导购媒体，可以起到的作用是多元的，对品牌提升和直接购买起到双重价值。"

她表示，时尚在互联网上的传播会是革命性的。"原来女人看杂志了解流行趋势，了解这一季应该穿什么，然后去线下的店里逛和买，现在打开我们的网站，就像阅读新季的时装杂志一样，在LC不仅能看到流行的线索，搭配建议，更能点击直通购买，一分钟便可拥有心动的单品。这是一种从需求的源头开始的导购：该买什么＋去哪里买＋买到了如何搭配。"时尚行业有着它的独特性，女人在时尚方面的需求是被引导的，因为它没有一个硬性的标准，不是单纯的价格驱动，也没有绝对标准的参照，这种非标准化的需求很难被直接的公式所捕捉，是互联网思维之外的另一空间，但它的规律比互联网存在的时间更长。

传统的时尚产业是典型的自上而下的过程，从流行的发布到被大规模复制，有着成熟的产业链，而媒体在传统产业链中扮演着趋势推动和指导消费的双重作用。在互联网上，就可以结合技术的力量让这种作用得到规模化放大。

定位于快时尚的服务人群，这些用户属于颇受广告主青睐的垂直的细分人群，展示广告自然而然地也是其未来商业模式中的一部分。

马啦说："目前我们的目标不是赢利，是提高用户体验，获得更多的用户。我们不会因为广告因素给用户推荐东西，而是我们的推荐必须符合时尚的标准。"

马啦表示，网站自上线之日起，就拥有造血的能力。而且马啦目前并不缺钱，网站上线前就获得了险峰华兴陈科屹的天使投资。

陈科屹透露他投资 LC 风格网的重要原因是看好马啦对时尚的深入了解。"马啦对时尚的感觉非常精准，她的拍档则可以通过互联网应用来呈现出一个时尚类的社会化购物网站。"

马啦表示，网络上的时尚经济刚刚开始起步。百亿规模的市场能容纳很多不同类型的产品，满足不同用户的需求。而时尚产业线下的规模有多大，未来网上就会有多大的想象空间。

不断地有人在进入这个行业，无论是在 LC 之前的"美丽说"、"蘑菇街"、"爱物网"，还是紧随其后成立的"迷尚网"，还有更多的创业者正在紧急地写着一行行代码，准备杀入女性经济这个市场。更不用说一些大型时尚集团，如时尚传媒集团、康泰纳仕集团等，不仅有数十本专业时尚杂志，来满足不同人群的需求，而且随着互联网的发展，时尚集团也纷纷开始在数字化方面增加投入。

马啦表示LC优势在于专注在时尚和电商的结合上。时尚和互联网的兼容最重要的仍然是人，人是LC的核心。另外，传统时尚媒体集团如果来做同样的事情，会和它现有盈利模式、固有思维冲突，是否会完全采用互联网模式，是体制的问题。

LC风格网现在日均UV（独立访客访问数）几十万，用户量、回头率保持了稳步增长。针对时尚面前用户的多样性需求，马啦认为“用不同的内容、以不同的形式、服务不同的用户”，三个不同，是LC未来的密钥。靠现在积累的这方面数据分析和挖掘。未来也会针对不同消费力、不同风格的用户，推荐出不同内容，提高用户购买的决策效率。

马啦表示，希望跟着互联网上正在形成的中国时尚产业链，与中国设计、中国品牌一起成长。在未来长远的构想中，LC想做的是传递真正属于中国女性的潮流时尚，传递自由时尚的CHIC态度。

有时候，一个完美的构思往往能够产生一个意想不到的机会。马啦便是这个机会的发现者。把时尚跟网络相结合，这需要的是创始人独到的眼光和敏锐的商业嗅觉。只有具备了这种素质，才能发现机会，利用机会，进而品尝到成功的滋味。

9 创业模式 细分公务员考试市场

在如今这个商业化的社会，各行各业都存在着机会。这也为那些梦想创业的人提供了施展抱负的舞台。于是，在电子商务领域出现了马云、张宇；在零售业领域出现了叶洛华、于刚；在民办教育领域出现了俞敏洪。这些人的成功似乎是在告诉所有创业者，如果你有梦想，渴望成功，就要抓住机会，勇于尝试。

有这样一个人，他自大学时代起，就一心想创业。经过多年的探索，最终他找到了自己的舞台——中国公职培训。这个人名叫易定宏，湖南人。

易定宏早年在中南大学读书。当时的他虽然只是一个学生，但却已经显露出了生意天赋。那时，他就对教育培训有着浓厚的兴趣。于是他在读研究生时，办了一个“高教考试信息咨询部”，咨询部成立之后，生意很好，一天能赚 200 多元，甚至已经超过了当时大学教师的收入。易定宏也因此成了校园里响当当的风云人物。

研究所毕业后，易定宏被分到广州一家公司教书。天生不安分的他，心思自然不在教书上。他不想一辈子就这么过去，他想要趁年轻做点大事。左思右想之后，他便向学校递交了辞呈，拿着借来的10万元钱，奔赴北京。

刚到北京的他，并没有急于创业。因为他知道自己还没做好准备，于是就进了一家出版社。在那里，他一边工作一边考察市场。在出版社的第一年，他主持编写并出版了《竞争上岗？演讲胜算》、《公共英语等级考试》等书。由于当时的出版行业还很封闭，这些定位精准的书籍反响很好，易定宏兴奋之余，更坚定了他创业的决心。

当时的他意识到，考试和培训类书籍的市场潜力广阔，于是就将自己的创业公司定位于教育出版行业，起名为“华图教育”。2001年，适逢律师资格考试、法官考试和检察官考试三考合一，这是一次难得的机会，眼光敏锐的易定宏自然不会放过。为了在第一时间占领市场，易定宏和几个合伙人策划出版了当年唯一的一本司法考试辅导教材。这本教材针对性强，信息丰富，一上市就大受欢迎。

这次的成功，使易定宏掘得了第一桶金，他的公司规模也扩大到了近30人。到了2004年，华图的出版业务已相对稳定，此时公务员考试也开始火爆起来。而市场上还尚未出现一个专门针对公务员考试的培训机构，易定宏再一次发现了机会。于是，便创办了华图学校。

此后，华图在易定宏的带领下，开始高速发展。公司规模在这样的高速发展中，也开始不断扩大。如今，华图教育拥有遍布全国的35所分校、32个分部、200家学习中心，主要产品项目包括中央和地方公务员招录考试辅导，事业单位、军转干、三支一扶、村官、选调生、招警、招教考试辅导，以及口才与沟通、小语种、会计等培训项目。

此外，华图教育旗下还设有“红领政信”、“红领政育”、“红领政略”等为政府提供服务的管理咨询品牌。

2007年，易定宏提前布局网络教育，将华图网校独立成单独公司运作，目前已经成为华图教育增长最快的子公司，并开始推出除公务员培训以外包括警察、会计等多种教育产品。

2008年，华图教育除了为参加公务员考试的个人提供培训外，开始为中宣部、国务院、税务总局等提供干部培训，而中组部出台的《干部教育培训工作条例》已允许有资质的教育机构介入干部培训领域。

2009年12月末，华图教育获得达晨创投超过2亿元的投资。

一直以来，细分的市场切入与出色的授课效果支撑起华图教育中国公职培训第一品牌的招牌。其始终秉承“以教育推动社会进步”的使命、“德聚最优秀人才，仁就基业长青的教育机构”的愿景，践行“诚信为根、质量为本、知难而进、开拓创新”的核心价值观，每年为数十万学员提供一流的产品、“五心级”的服务，助无数考生实现了人生理想，也创造了无数个行业奇迹。

10 创业模式
酒店式服务的驾校

说起驾校，现在的人们已经十分熟悉了。随着现在汽车产量越来越多，买车的人也如雨后春笋般增长了起来。买了车，自然要学会开。于是，一个个旨在帮助所有车主学会开车的驾校便应运而生了。早在十几年前的北京，办驾校成了很多人赚钱的一个目标。然而，随着驾校数量的增多，驾校的教学质量却一再下滑。在很多学车人的眼里，教练是“神圣不可侵犯”的，不仅如此，还要“百般讨好”才行。这让很多学车的人心里十分不舒服，自己花钱买的服务，不成想自己却要看人脸色。

这些驾校的弊端，都被一个人看在眼里，他就是目前国内知名驾校——东方时尚驾校的创办人徐辉。

徐辉早年也是一名驾校的学徒。他是一个观察力很敏锐的人。在当时学车期间，他发现当时的驾校普遍都有管理不规范，从业人员素质低下等缺点，而更让他无法理解的是，教练“吃、拿、卡、要”已经成了业内心照不宣的潜规则。想到这里，他便萌生了创办一所独特的驾校的想法。

而当时北京的驾校市场前景也是非常广阔的，因为北京是一个有着一千多万人口的现代化国际都市，人们对于汽车的需求将会呈现逐步增长的趋势。于是徐辉便下定了决心。然而，他的想法却遭到了很多人的反对，由于当时正逢京城200多所驾校风雨飘摇之际，鉴于此，一些报刊杂志对驾校的前景做出了十分悲观的估计。但徐辉却不这么看，他认为未来的驾校市场，定会迎来一个高速发展的时期，道理很简单，越来越多的人买车，自然就会有越来越的人学车。

于是，在1995年年末，徐辉凑了20万元钱，在城南租了一块几十平方米的场地，办起了驾校。他把这个驾校取名为“东方时尚”。

在当时，东方时尚的条件十分简朴。它只有大小货车一共20辆，几十名员工，而无论是在教学条件还是规模上，东方时尚驾校都无法和其他老牌驾校相媲美。就在很多人都投来鄙夷的目光时，徐辉并没有灰心，他坚持自己的想法，并暗下决心，一定要把东方驾校办成北京最好的驾校。

为了提高驾校的服务质量，徐辉从一开始就为驾校定下了一系列严格的规范。他把这些规范当成是驾校所有工作人员的工作准则，任何人都不得违反。

徐辉首先强调的就是驾校的服务质量。他在驾校的训练场上，挂了一个巨大的显示屏，上面写着“让每位学员都满意”八个大字。如今这八个字已经成了东方时尚最宝贵的无形资产和金子招牌。

徐辉为何会如此强调服务质量呢？这跟他当年学车的经历有关。徐辉早年是做酒店供应的，由于工作需要，所以经常会四处运输物品，而他当时还不会开车，十分不便，于是就想考个驾照。那是在20世纪90年代初，当时的驾校服务质量十分低下，学员与教练的关系是师徒关系，而非服务与被服务的关系。既然是“拜师学艺”，徒弟就要孝敬师傅。徐辉当时所在的驾校，车辆和老师很少，通常是六七个人合用一台教练车，学员要想摸到车，就必须要给师傅送烟、请师傅吃饭，这在当时是非常正常的，徐辉自然也没能幸免。

鉴于此，徐辉在开业之初，就对所有教练做出了规定，必须要杜绝“吃、喝、拿、卡、要”。在教学方式上，东方时尚提倡的是一种朋友式的教学方式。而在徐辉看来，这只是让每位学员都满意的服务意识的第一步。因为，东方时尚明文规定教练不许“吃、喝、拿、卡、要”，所以受到了很多学员的好评。

但，徐辉清楚的意识到，在当时，东方驾校只是一个名不见经传的小驾校，仅依靠杜绝“吃、喝、拿、卡、要”是无法吸引更多的学员的。于是，他就在开始在服务意识和服务态度上做文章了。

由于之前曾在酒店工作过，徐辉深知服务质量的重要性，于是他便有了为驾校打造酒店式服务的想法。

他规定，所有教练都必须铭记学员的名字，在学员即将到来时，要站在训练车旁等候。

在教学过程中，教练不可训斥学员，要经常鼓励他们。这样就会让每一个学员在一个轻松、愉悦的环境下学车。

为了方便学员学车，东方时尚还根据学员的具体情况，设立了速成班、预约计时班、假日班以及贵宾班等多种班型。

其次，徐辉规定，东方时尚所有教练也必须要接受培训。他认为，对于东方时尚来说，服务是它的本，而教学则是它的根。优质的服务固然重要，但如果教学水平很低的话，也同样不会吸引到学员。为此，在多年的教学中，东方时尚不仅形成了自己一套独特的、完整的、科学的教学体系，而且还形成了一种朋友式的教学方式。

为保证教学质量，东方时尚规定，不仅学员要接受培训，教练也必须要定期进行培训。经过不断培训的教练不仅能够按照统一的课程对学员进行教学，还能够根据学员不同特点对教学方案进行适当的调整和编制。此外，东方时尚还十分注重对员工进行心理辅导，目的在于要让他们学会在语言和心理上给学员打造一个舒服的学车环境。

而在关注服务质量的同时，东方时尚还特别注意服务员工。徐辉认为，培训行业通常没有什么回头客，所以每一位走出去的学员就会成为东方时尚的“活广告”。顾客只有得到了好的服务，东方时尚才能树立良好的口碑。而员工是直接与学员进行接触的人，要让员工为学员提供耐心、体贴的服务，首先要让员工对这个企业有归属感、有认同感。

为此，徐辉特别推崇一种自上而下的服务意识：校领导服务于中层干部，中层干部服务于全体员工，全体员工服务于广大学员。

一直以来，东方时尚都是以其严格的军事化管理著称的。正所谓“无规矩不成方圆”，任何人在规矩面前都是平等的。为此，徐辉提出了“服务、遵章、自律、团结、创新”十字方针。在这一方针的指引下，东方时尚的信誉不断攀升。

最后，徐辉十分强调公司的执行力。他认为一个好的规矩，如果没能很好地执行，就失去了它的意义。所以，自打驾校创办之初，徐辉就一直致力于建立一种统一的价值观。为了能够更好地保持住企业内部价值观的统一，东方时尚在招聘员工时，从来都是挑选那些价值观与公司接近的员工。

1996 年，随着政府职能转变，公安部门不再作为驾校行业的主管单位，仅仅负责考试关，而管理职责交由交通部门。许多驾校“嗅出”车可以“自学”后，开始悄悄变卖设备，全身而退。一时间，20多家驾校彻底消失。

东方时尚逆风而动，不但没有撤退，反而大张旗鼓地扩大规模。首家引进桑塔纳作为教练车，教学环境更加先进。同年的学员数量也是不降反升，突破了万名大关。对于徐雄来说，那是东方时尚成长的重要里程碑。

如今的东方时尚已经发展成为一个占地23万平方米，教练车千余部，教职员工千余名的大型驾校集团了。徐辉用了16年的时间，使得东方时尚从驾校的队尾，走到了行业的前端，成为了一个颇具口碑效应的知名驾校。2010年，东方时尚的学员累计已经达到10万左右，实现营业收入4亿元。

11 创业模式
大学生半成品再加工

现在，随着大学毕业生人数越来越多，找工作难的问题已经变得越来越严重了。十年寒窗苦，很多大学毕业生，毕业之后找不到一个好工作，于是很多人便去考研，继续深造。其实，这只是很多学生的无奈之举。毕业生找不到工作，不仅自已急，家人也跟着急。父母含辛茹苦供孩子读书，特别是对于那些家庭条件一般的家庭来说，供孩子读书的费用几乎已经占了他们生活支出的大部分，而孩子则因为无法找到工作报答父母而充满愧疚。

这是一个让人倍感沮丧的状况。虽然有关部门一再呼吁要关注大学生就业问题，但却少有实际的政策能够真正解决这一问题。怎么办呢？难道我们就眼睁睁看着这些曾经满怀梦想的毕业生，一个个如霜打的茄子一样，毕业后就失业吗？有一个人说了“不”，他就是“过来人俱乐部”创始人王迈。这个“过来人俱乐部”是做什么的呢？简单地说，就是一个专门针对大学毕业生的入职培训机构。它们的主要工作是针对大学毕业生，通过提供相关的服务以及培训，把他们培养成符合企业需要的人员。它们有专门的学习顾问，这些学习顾问会从大一开始便对学员的专业、选修课乃至专业知识的积累提出意见，并每周电话跟踪学习进度。同时，还设有为期数月的周末培训，这个培训包括，职业生涯定位、公司运作流程实务，500强模拟面试的课程等等。

那么，这个王迈是何许人也？2001年，王迈以优异成绩考入了清华大学经济与管理学院，本科毕业后被保送清华大学经管学院的研究生。在校期间的王迈就是一个活跃分子，他给同学们的印象永远是脑筋转得快，行动力十足。因为能力突出，在研究生一年级的暑假，就被一家世界顶级投资银行看中并聘用，年薪60万。

用他自己的话来说，他的成功一半是因为自己的努力，而另一半则是受益于一个俱乐部。正是和这个俱乐部结缘，才彻底改变了他的人生轨迹。

早在1990年，一些国际顶尖的投行和咨询公司就开始把目光投向了中国，试图在中国开展业务。而在这些大公司里，北大和清华的学生一直都是他们的首选。于是，中国便出现了第一批本土的投行人士。这些人个个意气风发，年薪百万，对未来充满了无限希望。考虑到还有很多人在为找不到工作而发愁，于是他们边合伙创立了一个小团体，取名为“过来人俱乐部”。

这些成员把自己称作是“中国的骷髅会”。所谓“骷髅会”是发起于美国耶鲁大学的一个团体。“过来人俱乐部”位于清华同方部的一间小小的会议室里。他们的理念是“经验分享，共同成长”。在这一理念的指导下，那些有经验的师兄师姐会根据成员的具体情况，做出职业规划，而这些师兄师姐则大多都是已经在投行和咨询公司站住了脚跟的人。

此时的王迈突然有一个大胆的设想，他想何不把这个俱乐部进一步做大，做成公司呢？想到这，王迈简直兴奋极了。于是，他找来另外两个好友商量此事。

然而，创业的首先就要解决资金问题。去哪儿找呢？王迈想到了天使投资。于是，在2007年4月，王迈和另外两个伙伴便找到了天使投资的负责人，经过一番交流之后，投资人认为王迈的想法可行，而且会大有前途，于是便答应进行投资。就这样，“过来人俱乐部”正式诞生了。

“过来人俱乐部”创立之初，王迈秉持的想法是“能做点什么，就先做点什么”。当时，“过来人俱乐部”更多的是以求职网的形式被广大学生所了解和认识的。这些学生都是有理想、有追求的人，他们希望自己在刚刚踏进职场时，能有一个好的起点，而进入“500强”工作，则是他们当中大多数人的梦想。

此时的网站，作为吸引潜在客户的手段发挥了一定的效应，然而在王迈看来，这和提供求职培训的初衷还是存在一定的距离，不过此时的王迈还并没有形成一个清晰的经营脉络。考虑到帮企业招人是个相对简单的工作，而且盈利模式相对清晰，于是，王迈便把帮企业招人当成了“过来人俱乐部”的起点。

然而，此时中国的招聘市场早已被三大招聘门户网站占领了，为了与这三家网站有所区别，王迈决定从应届大学生的校园招聘业务入手，同时，他也在开始思考尝深度服务企业招聘方式。比如“500强直通车”就业协议项目，先由“过来人”为报名学生进行500强就业培训，然后“组团”到香港的500强实习，增加拿到Offer的可能性。很快，这个项目就成了他们的拳头产品。

为了进一步扩大收入来源，此后的一段时间里，王迈和两个合伙人开始奔波于北京各大高校与团委等组织的讲座和各种交流场合之间。在这些接触中，王迈对求职学生最真切的需求有了进一步地了解。鉴于此，王迈便打算将所有精力都放在学生求职培训上。

随着“过来人”的不断发展，现在的“过来人”，后缀不再是“求职网”，而是“求职商学院”。他们的培训课室都以知名500强企业的logo做命名。

那么，到底“求职商学院”要提供什么样的培训服务呢？对此，王迈有着清晰的设计。他举例说："如果某位大学本科生毕业后想到高盛工作，那么他在大四开学时，就必须申请高盛的实习，而大三的暑假就要去跟高盛差不多的公司实习，这个实习一定是在大三开学时申请，这意味着大二升大三那个暑假必须进顶尖的企业。所以，他要从大一就开始学习各种招聘考试知识，并尝试去一些普通公司实习。"而这一浩大的"求职工程"就是王迈所要做的，而培训费的标准数千元不等。

虽然这个费用对于很多学生来说有些高，但却并没影响到学生前来报名，甚至很多外地的学生都报名了。由于人数很多，一到旺季，就需要一个月同时开两个培训班。鉴于此，王迈又有了新想法，他打算复制"求职商学院"的做法。专门找些优秀的培训师前来授课。

两年中，"过来人"为6000多人提供求职培训服务，为北京大学、中国人民大学、中央财经大学等多所学校提供就业培训服务。

此外，他们在高校中连续举办了《赢在校园——职场模拟挑战赛》、《Career Insider》、求职公益讲座等大型公益职场活动，受惠学生超过3万。目前，"过来人"拥有近百万名会员，每年上百万会员通过网站找到心仪的工作。

作为中国第一个由大学生自发形成的职业发展互助平台，"过来人俱乐部"的模式在多所高校中得到良好发展，从而受到了教育部的高度肯定。在短短两年的时间里，"过来人"已经成为了中国大学生求职第一品牌。此外，还得到了像欧莱雅、贝塔斯曼、IBM等世界500强企业的高度认可。

自大学扩招以来，每年毕业的大学生数以百万计。2011年就有650万人，即使去除考研、出国，仍有近600万人。这是一个庞大的群体，而"毕业就失业"问题早就成为毕业生心头的一块大石。其实很多毕业生不懂得如何"推销"自己，不能正确认识自己在社会上的价值。从这个角度看来，"过来人求职商学院"无疑是找到了一座金矿。

12 创业模式

开在地铁里的超市

你有想过如何打发等公车或地铁时的零碎时间吗？对于时下生活节奏过快的当代人来说，每天有很多时间都花在了等公交车或是等地铁上。甚至更有一些人，竟然连逛超市买菜的时间都没有。这种现象虽然十分普遍，而且很多人都已习以为常了，但在一个人看来，这里面却蕴藏着一个很好的创业机会。此人便是虚拟超市——1 号店的创始人于刚。

何为 1 号店的虚拟超市呢？它是做什么的呢？其实它就是一个方便顾客购物的平台。用户可以在 1 号店的网站上，下载一个 1 号店的手机客户端，然后用智能手机的摄像头对准商品图案右下方的正方形二维码，待手机读取商品的数据后按确认键购买，然后等待 1 号店送货上门即可。可以想象，对于那些朝九晚五的上班族来说，这样一种购物方式，无疑是相当简单方便的。

其实，早在于刚创立 1 号店之前，韩国就已经出现了这种网上虚拟超市。

它是由英国的零售商乐购（TESCO）在韩国的地铁站创办的。

韩国人以工作时间长著称，以至于去超市购物成为越来越多人的负担。这个虚拟超市推出后，立马受到广大消费者的热捧。仅仅不到三个月的时间，就有1万名消费者在地铁站里通过手机端扫描商品二维码购物，这使得网上销售增加了130%，新会员也增加了76%，乐购也因此成为了韩国第一大网上零售商。于刚的灵感正是来源于这里。

于刚认为这种购物方式也很符合中国人的现状。而且他判断，随着电子商务的不断发展，“移动”必然会成为一种不可逆转的大趋势。将来的银行、商场、超市、影院、学校、职场等都在每个人的手掌之上，很多业务都会通过手机等移动终端来实现。而如今智能手机的诞生和网上购物的快速增长也为移动电子商务的发展搭建了一个良好的平台。所以于刚认为，1号店虚拟超市的主流用户群必然会出现在中国6000万智能手机用户里。

其实，创建1号店是于刚的第二次创业。说起于刚的职业生涯，也许很多人都会羡慕不已。

于刚的第一次创业是在美国。当时，他经营了一家生产航空管理软件的公司。七年之后，公司的发展进入了瓶颈期，于是，于刚便果断地将公司出售了。

此时，亚马逊向他投来了橄榄枝，想让他出任公司的负责全球供应链的副总裁。主要管理库存、仓储、库容和采购。于刚欣然前往。然而，不久之后，于刚又被戴尔盯上了，于是便应戴尔之邀，回到中国，管理戴尔在亚太地区的采购工作，戴尔许予他的职务是戴尔全球采购副总裁。

在此期间，于刚认识了时任戴尔中国大陆及香港地区总裁、负责销售的刘峻岭。由于工作关系的需要，他们交往密切，很快就成了朋友。这两个人都是属于那种心里不安分的人，彼此都有自己创业的想法。

一次，刘峻岭对于刚说：“虽然我们都身肩高职，但我们本质上只是一个打工仔。”于刚明白了刘峻岭的意思，当下也表达了自己的创业愿望。很快，他们便把目光放在了电子商务上。

说做就做，很快，他们就提交了辞职信，在上海浦东新区的一间小屋里，开始了创业之旅。当时可供选择的经营项目很多，比如母婴、图书、服装、3C 数码等等，面对众多的选择，于刚有些犹豫。

在经过了一番实地调研之后，于刚得出了一个结论，那就是像母婴、图书等这些垂直性的网站，当到了一定阶段的时候，必然会向横向扩张。而这个扩张的过程却是十分困难的。于是，于刚当即打算做一个综合品类的、包罗万象的电子商务平台。他把这个平台取名为 1 号店。

在刚开店的初期，于刚一人身兼多职。从在招聘网站上发信息，挤公交去拜访供应商，在地铁站、办公楼和小区发放海报，参与系统设计；到在仓库里入库、上架、拣货、盘点；再到为顾客进行配送，做客服，他都干了个遍。此时的于刚只有一个愿望，那就是要实现让消费者用鼠标逛超市。

用户体验是于刚关注的焦点所在。为了为顾客提供更好更便捷的服务，于刚打算先从智能化、集成化、实时的系统平台开始。为此，他专门开发了一套供应链管理模型、技术和系统，而且还申请了多项专利和多个软件著作权。这使得 1 号店不仅提高了效率，而且还降低了运营成本。

于刚关注的另一个焦点便是仓储和配送。由于目前中国没有一个覆盖全国的配送公司，于刚决定自建一套配送系统。目前，1 号店 70%业务的订单由自建配送系统配送。

此外，于刚还建立了多种支付、退换货、满百免费运等服务，以及上千家优质供货商所带来的规模效益，目的就在于要让消费者实实在在地受惠。

目前，1 号店拥有北京、上海、广州、武汉、成都五个仓储中心，并在 30 个城市设立了 100 个左右的自配送中心。

经过一段时间的发展，1 号店开始迅速发展起来。此时，野心勃勃的于刚又有了新的打算，他打算继续扩大规模。然而，资金就成了一个大问题。恰好此时的平安集团和沃尔玛表示愿意为其投资。

于刚考虑到平安有很多顾客、品牌资源和金融方面的服务，而沃尔玛有在供应商、物流、自有品牌等方面的资源，便接受了这两家公司的融资。就这样，1 号店的物流体系进一步扩大了，配送站点也增加了数百个。此外，1 号店还先后在上海、北京两地的地铁、公交站中数百个广告位上，对虚拟超市进行了大力推广。

有人把 1 号店比喻为墙上超市。那么，这种墙上超市是如何选择商品的呢？“选品”是指从 1 号店数万种商品里选择约 80 种进入虚拟超市的货架。在选择这 80 种商品时，必须是能尽量满足最多人需求和购买频率最高的商品。由于虚拟超市既不需要工作人员现场销售，也不用将商品从仓储中心配送到每个销售网店。所以使得它可以比实体超市以更低成本获得优质用户群。

目前，国内的手机购物平台大都刚刚起步，作为电商新秀的代表，1 号店在手机电子商务领域的推陈出新也值得一提，其陆续推出了 Android、iPhone 版客户端，逐步实现了多系统、多终端的覆盖。“无限 1 号店”的引入让购物不再设限，“虚实合一”的新型购物模式以及“随时、随地、随心”的消费理念更让手机购物成为了一种时尚、一种生活态度，也成为了未来手机电子商务发展的新趋势。

所以说，1 号店的“虚拟超市”模式不仅是对营销新渠道的开拓和尝试，同时更是一次商业形态上的探索。

1 号店自上线以来已拥有数千个供应商。据统计，目前线上销售商品涉及食品饮料、美容护理、厨卫清洁、母婴玩具、电器、家居、营养保健、礼品卡等十大类，共计 10 万多种商品，于刚的目的只有一个，那就是要为顾客提供生活用品的一站式网上购物服务。他成功了。

13 创业模式 小超市联盟

一直以来，江浙一带的人，都以头脑精明，善于发现商机著称。在近几十年的经济发展中，江浙一带的商人在其中扮演着重要角色。他们对于商机，有着与生俱来的敏感，出于对于利润的追逐，很多人都在用自己的方式经营着自己的生意。在这期间，在那些远离城区的城乡结合部，出现了很多小型超市。虽然这些超市规模都很小，但所经营的商品却十分齐全。大大地满足了当地消费者的需求。

然而，近几年来，随着沃尔玛、家乐福等国外大型零售集团，以及国内的零售大鳄世纪联华、物美等品牌的相继挤压，使得这些隐于社区、城郊的小超市不可避免地陷入了生存困境，很多小超市的经营者为此惶惶不已。这一切都被一个叫叶洛华的人看在眼里。

叶洛华是一个出生于浙江松阳的典型商人。一直以来，他都雄心勃勃，想要在商界站稳脚跟。如今，看到自己家乡的生意被“外人”抢了去，心里十分不甘心。当所有人都在感叹生意难做时，他却从中发现了商机。他认为，如果把这些小超市联合起来共同抵抗那些“外来户”的话，对于这些小超市来说，也许将是一个起死回生的难得的机遇。于是，在2010年10月19日，叶洛华在杭州正式成立了浙江品全超市连锁有限公司。

公司刚一成立，便吸引了众多小超市前来加盟。不到半年的时间，以“品全”为品牌的超市便以平均每星期10家的开店速度在杭州疯狂生长起来。

为了更好地吸收更多的小超市加入，叶洛华设计了三种合作方式：直营店、托管店和加盟店。托管的意思即投资商全权委托“品全”管理自己的超市，每月交纳一定数额的管理费；加盟店则只是加入“品全”旗下的配送系统。而对于收编的门店，商会会进行统一装修，更换店名。

在叶洛华看来，这些本土超市虽然在财力、品牌、影响力以及管理团队上不能和那些大型零售集团相比，但却也有着自己独特的优势。在那些城乡结合部，特别是农村市场，竞争相对较少，且消费者对价格更为敏感，价廉物美是他们首当其冲要考虑的因素。

为了加强“品全”的竞争力，叶洛华进行了一系列的规划和设计。首先，他规定采购、配送全部统一。所有商品由“品全”公司统一采购，统一配送，这样就保证了商品质量和食品安全。而由于城郊卖场租金相对低廉，成本降低，商品价格就能便宜下来，将区位劣势转化成了价格优势。

公司以发展生活超市为主，以发展便利店、卖场模式的连锁店为辅，响应国家农超对接的号召，完善上下游产品链的对接，实现采供销一体化，确保在品全购买到质优价廉的商品。

目前，品全已经在北京、天津、湖南、湖北、江苏、江西、安徽、甘肃、青海等地成立了16家分公司，在45个大城市布点。

随着一些小超市的不断加盟，叶洛华打算对“品全”这个项目进行进一步地投资，投资额从起初的5000万，增加到了1个亿。

共赢共享是叶洛华一直坚持的理念，在短短10个月的时间里，200多家夫妻店、小卖部纷纷加盟到了“品全”旗下，这使得它们从此告别了“单兵作战”的时代。

“品全模式”的一个最大亮点就是以城乡结合部作为主战场。能够找到这个市场定位与3000多家超市的背景密切相关。这3000多家超市除了两三百家分布在杭州市中心之外，大部分都分布在城乡结合部；更重要的一点是，在杭州几大主城区里，沃尔玛、乐购、欧尚、世纪联华等零售巨头云集，市场份额早已被瓜分。为了避开与强大商超的正面死磕，所以，叶洛华选择了空白地带作为自己生存和发展的空间。

在具体的经营模式上，叶洛华一改以前的粗放式经营，对所有加盟店采用“八统一”的模式，统一冠名装修、采购、配送、管理、培训、服务、促销、理念。

此外，在服务质量上，叶洛华更是下了大工夫。在“品全”所有的门店中，顾客都能够看到一个400的消费者热线号码，并且通过热线反映的消费问题都能够在12小时之内得到解决。为了掌握第一手资料，叶洛华经常会去超市逛，一旦发现问题，就马上拿出手机拍下照片，传给下属要求及时处理。在他看来，这是一种最有效、最直接的监督方式。

为了将“品质生活，全心服务”的理念更好地付之行动，叶洛华还组织了一个加盟管理部定期到各个加盟店进行巡查，并对加盟店提出的要求尽量给予满足。例如，“品全”旗下的绝大多数门店都分散在城乡结合部，一些大众商品供货商愿意提供“送货上门”的服务，而一些小众商品只能靠店主自己去采购，浪费了大量的人力成本。考虑到加盟商的利益，“品全”成立之初就搭建了自己的配送系统，专门针对小众商品为加盟商进行配送以保证商品质量和食品安全。

“品全”地不断发展，吸引了很多风投公司的注意。他们纷纷找上门，表示愿意对公司进行投资。然而，叶洛华并没有为之心动。他认为，目前，公司紧迫的任务是要提高门店的管理和员工的素质，以及建立一个信息化的管理系统。在他看来，作为一个企业，要用数据来说话，而信息化管理则会为公司带来最直观的数据。这就使得“品全”能够完全掌握每日商品的销售额、什么商品快过期、什么商品是最好卖等等的信息，从而及时地做出调整。

2011年，叶洛华打造的“品全”模式成了经济学家口中的“小超市抱团突围”的一个样板，俨然成了商业界的一个热点。到目前，“品全”旗下已经拥有6000平方米以上营业面积的直营购物中心7家，便利店15家，全托管门店30多家，加盟门店300多家。

“品全”的初成正是由于找到了其自身在连锁商业中的“亮点”：第一，选择了城乡结合部作为主战场，以发展便利店的连锁超市为主的客户定位，这有利于其避开竞争锋芒，包容广大需求，解决需求容量问题；第二，老乡抱团起步，这有利于组合优势资源，比起单打独斗式的个人创业来说，提升了起步的高度、厚度和力度，有利于快速确立品牌；第三，一开始就谋划好并全力践行的“八统一”管理模式，这帮助了“品全”形成在城乡结合部便利店大军中的“正规军”形象，促进了其加盟势头的强劲；第四，“品全”通过直营、加盟、托管三种方式聚合起资源后，尽管其直营规模尚难称得上真正立足，但是通过加盟集中配送、托管管理费等途径，大大丰富了其商业模式和盈利模式。因此，细品“品全”很有嚼头。这也展现了叶洛华总裁的战略眼光和系统谋划能力。

14 创业模式 平价艺术品超市

在深圳22艺术区有一家很特别的超市。它的名字叫“365艺术生活超市”，他的创办人名叫黄泷。这个超市到底有什么特别之处呢？它是一家概念式的艺术超市，用创办人黄泷的话说：“这家艺术超市旨在于广大平民客户分享艺术般的生活，让他们分享买得起的艺术品，尽享艺术创造、品味愉悦生活。”

一提到艺术品，人们首先想到的就是那些价格不菲的杰作。它们价格昂贵，动辄几十万、上百万甚至上千万，如此高昂的价格，让所有热爱艺术品的人都望而却步。他们无法承担如此昂贵的费用，也许买一件喜欢的艺术品的花费往往是他们几个月的薪水。以往，人们都在说艺术源于生活。但如此高昂的价格却像是一座高墙横亘在艺术品和广大消费者之间。于是，对于普通消费者来说，艺术就成了奢侈的代名词。他们虽然满心喜欢，却从不敢动心去买。

难道艺术品和这些普通百姓就只能这样“水火不容”吗？有没有一种可能，可以让普通的消费者也能去体味和欣赏那些艺术品所带来的美好的享受呢？这也是黄泷一直在思考的问题。“365 艺术生活超市”就在这样的背景下诞生了。它的诞生，让很多艺术品爱好者兴奋不已。

超市的宗旨十分明确，那就是要让所有人都能买得起艺术品。

在“365 艺术生活超市”里，摆满了油画、国画、摄影、版画、雕塑等各种形式的原创作品，这些作品都是各实力派和具有潜力的艺术家的作品，价格都在 3 万元以下，但三四千元的作品相对居多。这些“买得起的艺术品”不但可以做家居的装饰欣赏，还具有保值的功能，能为拥有者带来收益，同时又能让生活更为充实和富有情趣。

此外，在艺术生活超市里，还有很多艺术衍生品。比如印有曾梵志、王广义、岳敏君、张晓刚、田流沙、陈海、伊灵、韩世骅、钟曦画作的记事本，印有岳敏君“大笑脸”的徽章、周春芽作品的花瓶，有方力钧作品的瓷盘等，这些原本普通的商品，因为这些艺术家作品的出现而顿时显得品位不凡，这些艺术衍生品应用的商品范围几乎涵盖了生活的各个方面。

如今，很多艺术名家的作品都已被授权应用到各种材质、各种用途的居家与办公用品，比如从屏风、咖啡杯、茶壶、蜡烛灯、花瓶到笔记本、手表、鼠标垫、挂画等。在黄泷看来，艺术授权就是一种商业签证，有了它，就能延伸艺术大师的作品，将其用于各种商业用途，让艺术回归生活、服务大众。

相对于昂贵的画家原作，这些印有艺术家作品的商品，价格从几块钱的记事本到数千元不等的版画，均在消费者的心理以及能力承受范围之内，因此可以满足不同消费阶层的需求。

黄泷认为，随着经济、文化和大众审美的不断提高，艺术和生活之间的界限，将会变得越来越模糊。生活可以很艺术，艺术也充满着生活情趣。所以，让艺术走进家庭，实现艺术作品向生活消费品和艺术产业的转换，把家庭或者城市变成艺术馆一直是他的梦想。

然而，虽然“艺术平价超市”的概念很新颖，但它的运营情况却并不理想。随着这一概念热潮的消退，超市的销售开始日益下滑。原创艺术虽然以低价的姿态出现在大众面前，但作为非日常消耗品，大部分顾客一两年才买一两件，而且每件售价基本在百元到千元之间，这使得“365艺术超市”在原创艺术零售上异常吃力。为什么“原创艺术品叫好不叫卖”呢？对此，黄泷分析道：一是超市经营的产品种类相对较单薄，二是“艺术消费”人群的缺失。尽管艺术品超市的初衷是让大众化的平价艺术品进入到寻常百姓家，但事实上，广大消费者还没有真正形成艺术消费的习惯，也就是说，艺术消费的习惯还没有形成大众化。

就在这时，黄泷发现，虽然那些艺术品销路不好，自己开发的艺术衍生产品却销售火热。这些将原创艺术元素与日常消费产品结合起来的艺术产品深受顾客欢迎，甚至竟成了超市实际上的盈利主项。而伴随着市场的扩大，很多外地客户也对这些艺术产品产生了浓厚的兴趣，他们甚至还专门过来定制。

对于黄泷来说，这无疑是一个福音。这使得他在365艺术超市在艺术产品研发和外来订单加工上，看到了出路。于是，黄泷开始重新思考艺术超市的理念，他打算要对超市从理念到经营模式上进行全面升级。此时的他已经清醒地意识到，只有那些真正能与大众的日常生活融入到一起的艺术产品，才是实现这一目标的最佳途径。

经过了一番反思和总结之后，黄泷很快又提出了一个全新的概念——艺立方。所谓的“艺立方”，就是包含各个层次的艺术品和艺术产品，也囊括了所有艺术消费人群。这其中，大众化的艺术产品消费将是最普遍的模式，同时也有高端的原创艺术品消费，经营模式将是国际化的大型超市理念。

在这里，任何艺术品和艺术衍生品都是明码标价，消费者可以像在任何一个超市里一样随意挑选商品。这些商品包括艺术电子产品、日化产品、装饰产品等。此外，黄泷甚至还想到了设计艺术汽车。为此，黄泷专门成立了一个创意开发团队，每当超市和一位艺术家达成合作协议以后，开发团队会将艺术家作品中的艺术元素完整提炼出来，然后制作成各种衍生产品。

“艺立方”的成功，增加了黄泷进一步做大做强的信心。接下来，黄泷打算以“移动超市”及“网络超市”创新概念来为超市铺设销售渠道，并且还将推出一系列艺术装饰服务产品。

艺术品不是永远高高在上的不可触及的东西，当它转化为平民的需求时，就能创造出巨大的商业价值。“艺立方”巧妙地找到了艺术与商业的结合点，创新一直是他们的核心。

15 创业模式 遥控器里的商机

很多有创业之心的人也许都会问这样一个问题：到底成功来源哪里？结果他们得到的回答各式各样，有人回答成功来源于幸运，有人回答来源于努力。然而，我们都知道，幸运是一个充满了偶然性的东西，如果所有人都把成功寄托在它身上的话，恐怕终其一生都难以获得成功。那么努力就能获得成功吗？恐怕也并不如此。很多人一辈子吃苦受累，忙得团团转，但真的获得成功的人却寥寥无几。而只有那些有独创性、善于发现机会的人，成功的几率才很大。

在如今这个商业竞争激烈的社会里，想要成功的人比比皆是，但事实证明，并不是每一个人的梦想都能实现。我们总会看到一些半途而废的创业例子，很多人都陷入迷茫之中不能自拔。而有些人却恰恰相反，他们不但有梦想，有创业的激情，而且他们还最终实现了梦想。这是为什么呢？很简单，他们有创意，他们能发现那些微小的机会。

有这样一家公司，他们开发出了一种名叫 3H 商埃曲的数字电视中间件。如果把这种中间件安装到数字电视的顶盒当中的话，广大电视观众，就可以利用电视机做很多以前无法做到的事。比如点播节目、唱卡拉 OK、查询航班、投注彩票、炒股、缴水电煤气费等等。无疑，这是一个全新的创意，它是对传统“看电视”理念的一种极大的颠覆。能够让电视机的用途超出传统的使用范围，可以想象，这样的创意必然会得到市场的认可，在如此竞争激烈的市场中，占得先机，越走越远。

这个创意的发明者名叫许海华。可以说，增加电视的增值服务，一直是他研究和关注的对象。

那么，他是如何跟数字电视技术结下不解之缘的呢？故事要从多年前说起。

1986 年，许海华毕业于上海复旦大学电子工程系，之后进入北京邮电科学研究院攻读通讯学硕士学位。毕业后，许海华进了一家公司，当了一名软件工程师。每天过着按部就班的生活。虽然这份工作薪资待遇很高，但许海华却感觉十分枯燥，于是他递交了辞职信，去了英国莱斯特大学留学。毕业之后，许海华又奔赴新加坡国立大学继续进修。此时，他的事业也开始起步了。

起初他进了一家科技有限公司，他负责开发出了全球第一个 CD-R(可录光盘)软件和商业应用的图像采集卡。对于这个产品，许海华十分看好，但遗憾的是，迟迟打不开市场。于是公司就停止了这个项目。经过这次教训，许海华意识到自己在开发市场和经营管理上有很多不足，于是又回到英国，攻读工商管理学硕士学位。

1997 年底，许海华正式毕业，随后便加入了意法半导体公司。正在他在公司做得风生水起时，IBM 公司向他发出了邀请，表示希望他能到公司主持开发及推广互动数字电视整体解决方案。许海华欣然前往，可让他没想到的是，还没等他大展拳脚，IBM 公司就在 2003 年放弃了数字视像业务。

面对这一次打击，许海华陷入了思考，他觉得是时候自己创业了。于是，在2003年，他在新加坡创业发展局100万元支持下，创立了3H国际技术公司，主要从事互动数字电视内容开发及IPTV(交互式网络电视)应用。公司成立后运转良好，很快就占领了市场。然而，新加坡是个小国，市场空间十分狭小，此时的许海华急需要拓展新的市场。

2005年，中国政府在全国范围内启动了有线电视数字化转换试点的政策，敏感的许海华意识到自己的机会来了。他决定着手开辟中国这个巨大的国内市场。

经过简单的筹备，他在上海成立了3H商埃曲软件（上海）有限公司。跟在新加坡不同的是，这次许海华对产品进行了重新定位，他想通过"数字电视中间件"技术让更多的增值服务进入每个家庭。根据调查，许海华发现目前中国有线电视用户数已经有6500万，到2015年这个数目将会增至4.6亿，这个数字对他来说充满了诱惑。

此时，许海华团队工作的重点是从家庭娱乐入手做好便民类增值服务，锁定家庭娱乐，满足用户唱卡拉OK、点播等方面的娱乐需求，同时他们也在探索比用电脑更有价值的增值服务，比如利用电视带宽大，推动下载带宽小，下载速度更快等优势。

然而，万事开头难，许海华在中国的业务展开并非一帆风顺。从2005年起的三四年间，许海华为开辟国内市场，在技术研发、市场推广、人力资源等方面投入了大量的资金，却一无所获。

转机出现在2009年，这一年，许海华在内蒙古成功开发出了国内第一份"试验田"，并拥有了230万个数字电视用户时，3H公司终于获得了盈利，销售额高达1000万元。这次的成功使得许海华信心倍增。于是，他开始把目光投向了其他更广阔的市场。

16 创业模式

为中小企业统一通信

有这样一家公司，它们的主要业务是为了国内的那些无法承担昂贵的软件和庞大的硬件的中小企业提供外包服务。企业只需为服务付费即可享用服务。这家公司名叫 263 网络通信公司，他的创始人是李小龙。

任何市场的细分，都存在着巨大的机会，李小龙深谙其理。当思科、微软等巨头在中国市场上四处厮杀，所向披靡之时，李小龙并没有被这股巨大的狂潮所吓倒。他清醒地意识到，在思科和微软这些巨头的眼里，中小企业完全被忽略了，而机会就存在于这些中小企业之中。

而在此之前，李小龙做过很多事。1987 年大学毕业后，他先是去了一家国企，但没过多久，就去了中关村，打算自己创业。在最初创业的三年中，他先后做过攒机小贩，搞过推销，干过软件开发，开了五六家公司。虽然从中赚了很多钱，但此时的李小龙还没有找到真正的方向。

直到1992年，李小龙终于发现通信市场将会是一个大有前途的市场，于是便下定决心打算进入通信这一行。于是，他很快就成立海诚寻呼。由于海诚寻呼的业务投资小、回报快、技术难度低，所以李小龙很快就这行里站稳了脚跟。为了进一步扩大盈利，不久之后，李小龙就做出了一个调整，放弃出售寻呼机，转而经营寻呼服务。结果，使得海诚寻呼一夜之间成了广大消费者热捧的对象，巨大的利润滚滚而来。

李小龙不是一个贪图安逸之人，虽然生意很好，但他却并不满足，从1996年开始，他便开始和他的团队展开了更进一步的研究，他想从中找到一个更好的商业机会与模式。

渐渐地，李小龙发现，由于专线费用昂贵，普通消费者为了省钱，只能采用购买储值型上网卡的方式上网。而使用这种上网卡，用户必须要先到银行开户并预先缴费才行，整个上网程序十分麻烦。这便导致很多消费者都对互联网望而却步，由于上网人数很少，当时做接入的企业基本上没有一家获得盈利。

李小龙发现了机会，他马上推出了“主叫计费”的服务方式。这种服务方式使得用户不需要办理复杂手续，只要拨打2631就可以直接上网，费用可和电话费一起交。这是一种从未有过的创新模式，它为263以后的发展起到了举足轻重的作用。从此，“主叫计费”就成为了中国ISP服务的基本提供方式。

随后，李小龙又推出了上网包月付费制、免费邮箱等服务。据统计，早在2001年时，在北京，263已经和中国电信一样占到了40%的市场份额，而其他上百家ISP只能瓜分余下的20%。

凭借着“主叫计费”模式，263成了业内无人可比的巨无霸，李小龙为此兴奋不已。然而，也许是因为太多兴奋，使得他丧失了基本的判断力，随后他便做了一件错事。当时，正值互联网热潮风起云涌之时，李小龙的263被很多风投公司看上了。

于是，从1999年末到2000年初，不断有风投主动上门，表示愿意投资。起初李小龙并没有在意，但随着风投的不断游说，李小龙动心了。

1999年12月，263在线公司成立了。公司刚刚成立时，发展势头十分良好，2000年底，其免费邮件用户数量已经突破了800万，跻身于中国最大的免费电子邮件产品服务提供商行列。然而，李小龙没有意识到，其实门户网站是个烧钱的无底洞，而且跟263的企业文化差别很大。此外，263进入这个行业很晚，是个门外汉，渐渐地，李小龙就感觉有些力不从心了。而随后的网络泡沫更加重了263门户网站的负担。此时的李小龙终于意识到是时候该退出了。

这一次错误的决定，使得李小龙损失了整整2个亿。但也让他充分意识，只有做自己擅长的事，才能做到最好。于是，李小龙又回到了他的老本行，做起了新通信服务。

“做企业要遵循变与不变的哲学”是李小龙始终坚持不变的经营理念。他说：“这个世界永恒的是变化，企业在产品与技术上要不断创新、不断变化。但是有一点不能变，就是你的主业，在这一点上要非常坚持。”在他看来，263的目标只有一个，那就是成为新通信服务商，把通信版图扩展到全球市场。

有了这个设想，很快，李小龙就对263进行了战略调整，他决定把门户网站的大部分内容频道外包出去，只把电子邮箱保留下来，因为邮箱更符合263新通信的理念。

到了2004年，263新通信的业务架构已经基本成型了，它的战略版图也渐渐清晰了。根据国内中小企业的需求现状，李小龙率领团队进行了深入细致地挖掘和研究，最终确定了公司三大主营业务板块，分别为：语音增值业务、语音通信业务以及数据通信业务，同时，他们还对市场做了进一步细分。

2008 年 12 月，就当众多国内企业都采取收缩策略时，263 收购了美国电信运营商 iTalk 公司，从此拉开了开拓海外市场的序幕。这次收购，本身具有着重大意义，它帮助 263 完成了全新的“版图”规划，即绕道海外，之后杀入向往已久的基础通信业务。

其实，李小龙之所以把目光投向海外市场，还有另外一个原因，那就是他感觉到受到了国内政策的限制。2007 年，中国基础运营商推出的合法 IP 业务达到了 1492 亿分钟，占长途总话务的 36%。虽然 VoIP 市场暗流汹涌，可相关政策却一直没有出台。而早在 2003 年，263 公司就在公司的未来规划中将 VoIP 作为重要组成部分，那时美国最大的 VoIP 运营商 Vonage 刚刚成立，而 Skype 还是一个仅仅只有几百用户的小互联网公司。这让李小龙觉得在国内市场是很难找到出路的，于是只好另谋出路。对 263 来说，iTalk 的运营商身份将成为其押注国内 VoIP 市场的最大砝码。

自从 263 进入国际市场后，iTalk 的海外扩张速度变得更快了。目前已经进入了澳大利亚、加拿大以及东南亚市场。此举标志着中国民营资本首次进入海外电信运营市场，263 也因此成为了国内首家民营电信运营商。

17 创业模式

灵活多元的仓储

生活中，人们总会遇到各种各样的问题。比如家里闲置的东西总会占据很多空间；当搬家或装修房间时，家具总是没地方安置；房价高涨，房租爆增，“蜗居”生活空间明显不足，有些长期闲置的物品总是不知道往哪儿放；很多公司的办公器材越堆越多，于是放置空间就成了问题；很多不能随意丢掉的归档文件，到底放在哪儿才最安全呢？

虽然这样的烦恼一直困扰着很多人，但却很少有人真正去寻找一种解决途径。然而，一个叫陈昱的海归却从中发现了机会。

此前，陈昱曾是日本 SKK 的一名项目管理工程师，因为工作关系，他一直在日本、美国两地居住。当他每到一个城市时，他都会租用一个被他称为“生活外接硬盘”的自助式小仓库，存放他的藏书和其他一些暂时用不到的东西。这种自助式的小仓库兴起于 60 年代的美国，之后扩展到了欧洲和日本等国，随后，也出现在了香港和新加坡。一直以来，这种中小仓库深受广大用户的喜爱。据统计，全美平均每 10 户就会租用一个自助式小仓库。对于经常被派到外地操作中短期项目的公司职员来说，小仓库更是必备之物。

2010 年的春天，在外漂泊多年的陈昱打算回国定居，于是便辞职回了上海。可是他发现此时的上海，竟然没有一个自助式的小仓库。他觉得很不方便。与此同时，他也想到，倘若在上海也建立一些这样的小仓库的话，也许人们的生活也会方便很多。

一次，在和朋友聊天中，陈昱提起了这事，结果发现原来他们也有同样的烦恼。这更增加了陈昱创办小仓库的决心。经过查阅相关资料，他发现经过 40 多年的发展，根据国际仓储协会（SSA）的统计，截至 2010 年，美国共有 3 万家专业自助式仓储企业运营着超过 5 万家的自助式小仓库，2010 年，美国自助式仓储行业的营收约 200 亿美元。而即便是在金融危机期间，自助式仓储也没有像其他行业那样滑入低谷，相反仍在增长。中国的近邻、寸土寸金的日本，也很早就引入了自助式仓储，并且增加了日本式的精益管理方法，一直受到消费者的追捧。

看来这的确值得一试。于是，陈昱便找来五个朋友进行商议，经过商议，他们最终达成了合作协议。接着，他们便立即进行了前期调研，决定大干一场。

起初，陈昱将预算定在了 700 万，他们的目标是先建旗舰店，通过一年半左右达到收支平衡。此后再规模化，在 3 年内复制 2 家店，5 年内在全国复制 5 家店。就这样，国内第一家“悠悠空间”诞生了。

陈昱把第一家店选在了上海。原因是这里房价高，人均住房面积十分有限，而生活需求却相当丰富，所以他认为这种空间压力需要像自助小仓库这样的“外接硬盘”来释放。此后，他还做了一项调查，结果发现，在房价数万元每平方米的上海，本就狭小的房子却有 35%的空间被浪费在存储功能上。如果将这部分空间释放，城市人的生活将有一些喘息的空间，触角也可以伸得更广。

接下来，陈昱便开始四处寻找地址，最终定下了一个老厂房的三层楼面。这个厂房位于正向知识性社区转型的杨浦区，交通便利，环境也不错，背靠公园和艺术园区。

地址定下来之后，陈昱就开始进行大刀阔斧的改造。他将储物柜分为从 0.7m³ 到 51m³ 不等的规格，每种规格数量不等，共 1000 个。然后由合作伙伴画好图纸，而项目管理则在现场负责推进，IT 工程师负责做网页，营销公关则负责推出一系列推广计划。

2011 年 1 月，在这些合伙人的同心协力下，“悠悠空间”正式开始试业了。此时，陈昱把第一批客户定在了外国人以及有过海外生活背景的中国人身上，他认为这些人接触并使用过自助式小仓库，推广起来会比较容易。

“悠悠空间”的特点是低价、私密、安全、便利。当一名客户完成他的工作，深夜 12 点驱车赶往自助式仓储设施，希望拿到一份私人物品以备第二天使用时，他必须手持一张专属 IC 电子智能卡，进入其仓库所在楼层。当他进入过道时，过道上的感应灯依次亮起。最后他到达自己的小仓库，打开自己设置的锁，取出想要的东西。虽然整个过程看上去十分简单，但实际上，每一个细节背后都有着复杂的设计。

比如，这座三层的自助式仓储设施，实行实名登记方式；客户在取东西时，需要刷 IC 智能卡才能进入电梯，而这个电梯只能进入他所租用的仓库所在的楼层；每个仓储都是独门独户独立门锁，保密措施做得很好；为确保物品安全，50 多台红外监控设备全天开启；最小的 0.7 m³ 的仓储月租为 298 元，而最大的 51 m³ 的月租金为 3570 元。

为了扩大影响，让人们对“悠悠空间”有一个进一步的了解，陈昱专门印刷了一些小册子，下发给消费者。此外，还参与了网络团购活动。经过一番宣传，“悠悠空间”很快就受到了一些大学生、附近的居民以及淘宝卖家的关注。特别是那些淘宝卖家，更成了“悠悠空间”的最大客户。因为很多淘宝卖家当把生意做大之后，就迫切需要找一个更大的仓储空间来储藏货物。“悠悠空间”由于是自助式的小仓库，租期灵活，租金便宜，理所当然地就成了这些卖家的首选。

开业仅仅四个月后，“悠悠空间”的出租率达到 40%。为了进一步扩大规模，此时的陈昱作了一次调整，他又增加了 100 个 0.7 m^3 的储物柜。

经过一段时间的经营之后，陈昱发现，市场上竟然出现了一批模仿者，这让陈昱提高了警惕。他开始意识到单单提供设施，增值空间并不大，而且硬件更容易被人模仿赶超，无法形成绝对的竞争优势。如果那些房企在建大型社区时“顺便”也建一个自助式仓储，将此作为配套设施的一种，形成社区与仓储之间的联动，那么，“悠悠空间”是很难跟它们竞争的。

想到这里，陈昱绝对必须要增加一些更有成长空间的项目才行。于是，陈昱便和团队的其他人，进行了细致地研究。最后决定分三步战略走：第一步当“悠悠空间”形成规模后，会启动宽宇空间项目，通过云计算将存储在“悠悠空间”的客户文档或物件系统化、网络化；第二步，通过扫描、RFID（射频识别）等技术应用，让客户能随时看到所存物品的位置和状态，并且能查看其中的内容；第三步，启动物联网项目，将自助式仓储的物理空间与互联网所提供的网络云计算整合应用。

在此过程中，如何打通整个仓储的上下游是最关键的一步。比如，如何建立一个良好的客户响应系统——从客户决定使用仓储设施开始，就能提供全方位的服务打包、运输、进库等等，而在这个过程中，RFID、红外感应器、定位系统、激光扫描器等设备让被存储的物品信息上传到互联网，实现智能化的识别、定位、监控和管理。

对于目前的陈昱来说，他认为当下最首要的任务是提高示范店的出租率，进一步扩大本地市场。未来，陈昱的打算是待旗舰店运营成熟之后，将尝试在全国各地开一些连锁店。

18 创业模式

一站式包装

在上海有这样一家公司，它是专门为大企业做包装服务的。以一台复印机为例，其外包装起码包括5种产品：产品零件上的各种标签、塑料袋、白色泡沫板、木托盘和外面的纸盒。传统的做法是：生产复印机的企业向不同的厂商采购上述5种产品并放在仓库里，由自己的工人来进行最后的包装环节。一旦这个过程中出现包装材料的损耗，一般来说损耗为5%，也由企业承担。

如果这些企业将上述所有环节，全都交给这家公司的话，付的费用则是几种材料费的总和。这家公司名叫上海新通联包装材料有限公司，这套创新模式便是公司董事长曹文洁的首创。

1994年，当曹文洁从母亲手中接过这家公司时，还只是一家以木包装为主的小厂。曹文洁是一个求新求变之人，刚刚接手公司不久，她就发现了很多问题。她说："无论是纸包装还是木包装，都不是技术含量很高的产品，这也就意味着低利润。如何在低利润的情况下生存，确实是一个不小的挑战。”此时，曹文洁已经下定了对公司进行结构调整的决心。她对公司管理层说：“我们追求的是包装的多元化，帮助客户从提供设计、测试，到生产，到现场服务，再到后续的物流运输，提供一站式整体服务的便捷。这也是我们企业的定位。如果我们仅仅做木包装或纸包装，那么终将失去竞争力。”

很快，曹文洁就行动了。她对市场进行了深入的分析，对产品进行了重新规划，同时还进一步加强了公司的管理体制。在这一系列措施的影响之下，公司焕然一新，进入了一个蓬勃发展的时期。在曹文洁的精心经营下，如今的新通联已经成为了一家集木包装、纸包装、缓冲材料等加工多元化、集团化的新型包装企业，为众多著名国内和国际跨国公司提供包装服务。

面对市场环境的变化，曹文洁已经变得更加胸有成竹了。随着很多企业大规模内迁，曹文洁认为新通联也应该紧跟客户的脚步，将服务的触角伸向内陆市场。经过调查，她发现，跟上海的包装水平相比，内陆城市的包装水平还比较落后，她觉得这正是打入内陆市场的最佳时机。于是，她开始招聘当地人，然后对这些人进行统一培训、管理和调配，很快，便打造出了一个连锁经营的服务模式。在这一模式的支持下，新通联也开始在内陆大施拳脚了。

虽然市场竞争从来都是激烈的，甚至是残酷的，但在曹文洁看来，危机就是让自己与众不同的转折点。有时候，好机会往往就潜藏在不确定中。在面临最近原纸价格上涨、上游纸板厂提价的压力时，新通联通过帮助客户优化产品包装结构，改进外观、牢度，降低成本，从而确保了公司的利润。

曹文洁十分注重企业的专业性。她认为，要想得到客户的青睐，公司不仅要满足客户的需求，更重要的是，要为客户提供专业性的服务。于是，她便推出了“一站式服务模式”。何为一站式服务呢？它是指公司根据客户产品的需求，提供从包装产品用的塑料袋、说明书、标签，到外部的纸箱、纸托盘等的整体包装。原来客户要花费不少的精力去管理各个包装产品的供应商，而现在只要与新通联一家沟通就可以了。这样可以帮助客户简化管理，降低成本。

与其他一些同行注重产品销售不同，曹文洁还提出了以整体服务为主的发展模式。她说："提供个性化、量身定做的产品设计方案的服务，绝对不会仅仅成为我们的一个销售渠道。"所以，她总是告诉她的部下，最重要的是了解客户有什么样的需求，然后配以合理的方案来解决。必须要和客户建立长期的关系。每一次和客户见面都要用自己的分析、见解和知识打动客户。

随着公司的不断发展，曹文洁又在 2009 年和 2010 年，先后在苏州和芜湖设立了工厂。而紧接着，她又把矛头指向了重庆、武汉和成都。此外，她也加快了私募资金的步伐，她认为现在正是进军这些地方的最好时机，错过了，也许就再也没有机会了。

对于一个企业的领导者来说，必须要具备发现机会的能力。因为很多机会不会在原地等你，稍不留神，它就会消失不见，而且再也不会出现。但当你发现并抓住了它，那么你就离成功更近了一步。曹文洁做到了。

19 创业模式
超薄就是市场

很长一段时间以来，中国的安全套市场都被杜蕾斯、杰士邦等国际品牌牢牢地控制着。特别是对高端市场来说，本土的中国品牌更是没有一席之地。面对这些无论是在技术、品牌、营销等方面都已经十分成熟的国际巨头的夹击，对于中国本土的想从事安全套生产的创业者来说，到底有没有机会呢？久奈健康用品有限公司董事长李弘给出了肯定的答案。在李弘看来，虽然中国人目前还没有完全普及使用安全套的观念，但这并不代表未来的国人不会普及。既然那些国际巨头在各方面都占据着不可比拟的优势，久奈要想成功突围，就得在“薄”上大做文章。因为，中国人目前的特点是不喜欢用安全套，即使用也想用最薄的。因此，李弘认为在这个市场前景广阔，但是渠道和品牌都相对分散的行业，机会很大。

创办久奈之前，李弘曾是杰士邦的一名员工，她在杰士邦共工作了 12

年。这段时间里，李弘先后做过采购部经理、华中办事处主任、销售总监到董事，当时，她就从中看到了机会。她认为在中国市场，打“超薄”概念的安全套产品销售一定会远远高于西方国家，因为对于中国消费者来说，他们大多希望使用尽可能薄的安全套。这让李弘意识到如果能打出更精准的超薄诉求，加之在安全套市场逐渐得到规范的前提下，高端超薄产品一定迎来另一个需求激增的市场。

为此，李弘还特地做了一番市场调查。结果发现在日本，安全套使用率高达85%，欧美高达65%，而中国只有7%，北京、上海等一线城市安全套使用率也仅在20%多的水平。也就是说，在中国，安全套未来的市场是十分广阔的。鉴于此，李弘决定自己做一个品牌。

于是，在2009年的4月，李弘便与其他三个合伙人在天津注册成立了久奈公司。公司成立之初，李弘认为当务之急，就是要找到最薄的产品，而经过调查，李弘发现日本在这一方面的技术一直是领先的。

由于之前在杰士邦工作的缘故，李弘对日本不二乳胶株式会社早有耳闻。于是，她便和日本不二乳胶株式会社取得了联系，向他们表达了共同合作的愿望，希望他们能成为久奈产品的制造供应商。

日本不二乳胶株式会社在中国已经是一个相对成熟的品牌，起初他们想让李弘代为销售他们的品牌产品，但被李弘拒绝了。谈判时，李弘直截了当地指出了他们的市场软肋：市场风格太保守，过于讲究投入产出的效应。

李弘从不打无准备之仗，她对于“不二”在中国的情况研究的十分清楚。她认为“不二”已经在中国做了十年，但却一直都不温不火，因此他们要想再造市场的影响力所需的费用与久奈自己新创品牌的市场费用差不太多。如果让久奈做对方品牌的“代理商”，很难获得有力的支持，两相对比，“不二”的核心竞争力在于研发和制造，而久奈的强项是市场和销售。在李弘的游说下，最终两家公司达成了合作协议。

以“薄”致胜，让国际公司代工，是李弘一开始就确定了的经营理念。正是这一充满反传统智慧的经营理念，使得久奈安全套在短短的两年时间里，就成为了和杰士邦分庭抗礼的本土品牌。

在久奈出现以前，消费者在超市即将结束购物时，总会发现收款台旁边的货架上，安全套已经和口香糖、巧克力以及电池这些小件商品摆放在一起，而这些品牌大多都是像杜蕾斯、杰士邦等这样的国际知名品牌。这些品牌就如同货架布局一样，各自占据着高端市场的一部分份额。

李弘是一个充满雄心的创业者，凭借多年的工作经验，她深知安全套在中国市场会有巨大的发展空间。因此，只要做出具有自己特色的产品，就能和杰士邦这些国际巨头在中国市场上一争高下。虽然在外人看来，这样的雄心壮志未免有些自不量力的味道，但李弘却充满了信心。

为了扩大久奈在中国市场的影响力，李弘做了很多让人意想不到的决策。首先，她没有像大多本土品牌那样选择低端市场，其次还摒弃了“中国制造”，而让“不二株式会社”作为制造商。在营销上，久奈将“不二”作为卖点。在产品外包装上呈现日系风格，突出日语名字，将“不二”的名字明显标示。

作为一个创业公司的新创品牌，李弘首先要做的是产品的定位。久奈团队大都来自杰士邦及杜蕾斯，在他们看来，这两大品牌在中国所有安全套销售中40%左右的份额是与薄相关的系列产品。

经过研究，李弘发现杰士邦和杜蕾斯并不是以薄取胜，而在品牌定位上，他们也都是沿袭欧美的做法主打情感牌。也就是说，久奈要想对杜蕾斯、杰士邦等国际巨头形成挑战，就必须将产品定位聚焦于薄上，甚至在推出的大部分产品上，名字都会出现薄字。

就如她在一次受访中所说的：“中国人目前的特点是不喜欢用安全套，

即使用也想用最薄的，希望可以感觉跟没用一样。这与欧美不同，欧美消费者会认为厚一点的才安全。”

快速消费品行业往往要建立较强的渠道体系，才能接触到大量的终端消费者。而在中国，过去根据国家相关政策规定禁止做安全套广告，之后改为在指定媒体中可以进行公益宣传。由于在大众媒体上受到限制，安全套领域的竞争便更多地开始围绕着渠道之争，其他营销方法也围绕着给渠道终端门店直接带来消费者，从而直接提升销售量来进行。

这让李弘意识到，能否进入连锁渠道、获得终端门店好的展示位置，是直接影响安全套的销量的决定性因素。比如在超市中，顾客略微俯视即可看见且无需刻意弯腰、蹲下就能拿到手的位置，其产生的销量可能是货架底部位置的数倍。于是，李弘选择了连锁的超市、便利店、药房等渠道进行销售，除了在一线城市与杜蕾斯和杰士邦直接竞争外，久奈还在逐步向二、三线城市以及西部这些国际品牌薄弱的地方扩展，以二、三线城市包围中心大城市。

例如，经过调查，李弘预测大连的业绩会超过上海。因为上海作为一线城市，杰士邦和杜蕾斯进入得比较早，消费者认可度高，所占市场份额较大，而大连作为二线城市，杰士邦与杜蕾斯等品牌进入得较晚，尚未完全扎根，顾客对其品牌的认知度远远不如上海那样高。所以对于久奈来说，像大连这样的二线城市自然就比较容易进入，并且容易被消费者所接受，进而有助于树立自己的品牌形象。

一直以来，二三线城市存在很多不为人熟知的品牌，这些品牌在满足现有不同层次消费者需求的同时，呈现出了繁多而分散的“小诸侯割据”的特点。这些品牌分散在全国各地，形成了众多区域市场。这对于久奈来说，无疑是一个突破口。

安全套的使用有一个特点，消费者在选定某个品牌之后很少再有更换。无论是在杜蕾斯和杰士邦等强势品牌面前，还是进入地方市场与各种地方品牌遭遇，久奈在众多选择当中需要给消费者一个使用或更换的理由。因此，除了在终端网点通过导购或物料加大宣传、提高消费者认知度外，李弘还采取了派发试用装的营销方法，提供单片装的试用装，让消费者能有机会尝试新选择。

而像娱乐场所、酒店宾馆、高校等地也成了李弘的首选之地。李弘估计，试用装派发可带来 40%的销售业绩。

快消品是一个渠道和模式为王的行业，谁占据了销售渠道，推出好的销售模式，谁就能够成功。对于安全套产品来说，渠道更为重要。因为产品的特殊性，相关法规对其广告营销做出的限制，渠道终端成了安全套品牌最重要的战场。对于杜蕾斯和杰士邦来说，连锁超商、便利店等渠道是它们的首选，李弘自然也不会视而不见。

久奈自打成立以来，便呈现出了良好的发展势头，如此良好的业绩，使得久奈也成了很多风投公司的投资目标。其中有一家名叫 IDG 的投资公司就向久奈抛出了橄榄枝，表达了投资意愿。很快，双方就达成了投资协议。IDG 之所以要为久奈投资，自然有他们的原因。其实，很早之前，他们就发现了久奈这个品牌。用 IDG 一位负责人的话说："我们之所以选择久奈，是因为安全套市场对营销广告的限制，加上目前份额高度分散的市场形态势必会走向集中的过程，而这个过程就必然为新品牌提供了进入的机会，这对于具有多年行业经验的久奈来说，自然就成了他们大施拳脚的舞台。"伴随着公众使用意识的提升，中国作为人口大国正孕育着更大的安全套市场空间，这也为久奈的进一步发展提供了机会。

只有勇敢地去尝试，才能知道自己到底能不能成功。大多数人最喜欢做的事是空想，他们总会想象出一个宏大的蓝图，然而在他们抬头仰望天空时，机会却在他们身边偷偷溜走了。李弘显然不是这样的人，她不仅善于发现机会，还善于抓住机会。对于这样的人，成功只是时间的问题。

20 创业模式
让市民去务农

在北京市海淀区的后沙涧村有一个名叫小毛驴的市民农园，这是一家生产有机蔬菜的农园。这里的蔬菜种植不用农药和化肥，而是通过施用蚯蚓肥、猪粪、麻渣等有机种植的方式促进农作物的生长。农场的客户主要分两种：一种叫配送份额，比如一个三口之家，根据合同上的配送计划，从 5 月中旬到 11 月中旬，小毛驴市民农园可为这家人提供至少 25 周的有机蔬菜配送，送菜总数不少于 300 斤，每周蔬菜品种不少于 3 样。为此，客户可预先支付 2400 元的份额费用；另一种是劳动份额，由“都市农夫”完全自管自耕，每家人可分得 30 平方米的地，农园的工作人员教授种地方法，同时还会提供不超过 300 斤的有机肥料、应季种植所需的全部种子，种子一次性发放，菜苗定量发放，剩下的则由客户自种自收。农园规定，所有客户在遵守农场有机耕作的规定内，自愿种植任何作物，预先支付年租金 1500 元，每周需到农场管理菜园。

这种农业生产模式被称为CSA模式（社区支持农业模式）。最早源于瑞士和日本。农民在每个种植季节之初，就与消费者签订一份购买协议，消费者把本年度购买农产品的钱先期支付给农民，农民则承诺不使用化肥、不喷洒农药。这种方式绕过了中间商，让农民直接和消费者面对面，于是，农民能收获到较多收益，消费者吃上了生态有机种植的健康农产品，土地也因为没使用化肥而蓄养了地力。这种模式是现行工业食品制造体系下的另类选择。

“小毛驴农园”的创始人名叫石嫣，她是中国人民大学的农学博士。读博期间，一个偶然的机会，她得到了美国农业政策与贸易研究所的邀请，前去美国明尼苏达州的一个农场劳动半年。IATP是美国的一个非盈利机构，旨在实现公平、可持续的食品、农业和贸易体系。石嫣所去的是一个家庭经营的CSA模式农场。在那里，她主要学习如何育苗、除草、浇水、移植、耕地，CSA模式农场要保证农产品绝对不能施加农药化肥，也不能使用能耗大的机械。农场只有一台小型拖拉机，绝大多数工作都是人工完成。经过半年的学习，石嫣掌握了农场的经营方法以及蔬菜的种植方法，同时也产生了自己创业的冲动。

于是，回国后，她就将美国的模式搬到了北京，在沙涧西村搞起了小毛驴农园。2009年3月，“小毛驴”以CSA模式正式对外运营。

谈及引进“社区支持农业”的初衷和困难，石嫣说：“随着市场化进程的深入，传统道德中的信任在城乡之间逐步丧失，食品安全问题变得越来越严重，农民会留一块不施农药化肥的地种自己吃的菜，而卖的菜则用很多农药化肥。如果我们不去推动，这种信任关系会更加割裂。当然，这也不能怨农民。这涉及整个农业体系，几乎没人指导农民农药该稀释多少倍，而且农民普遍收入过低，由于对年终的收益心里没底，他们就会施用很多农药化肥来增加产量。”

谈及将来的计划或打算，她说：“CSA 模式肯定是我未来最主要的选择，大的方向是不变的。我看清了前方的路，也看到这条路值得我一辈子走下去……”

有的时候，机会是需要留心发现的。因其小，所以要格外留意才行。也许很多人不相信奇迹会在自己身上发生，但如果你对所有机会都视而不见的话，确实很难成为那个幸运的人。其实，幸运是从一个微小的机会里开出的花，抓住一个机会，精心去灌溉，那么你自然就会闻到它的花香。

21 创业模式 养生新理念

当养生被提上日程，各类有助健康和美容的谷物磨粉成为消费新宠。但是现代人没有时间自行加工这些谷物，于是“五谷磨房”以超市为阵地，以“纯天然、无添加”的手工现磨膳食粉，并实现自主搭配、一人一方的个性销售。

桂常青便是“五谷磨房”的创始人。对于所有创业者来说，机会无处不在，关键是看你能否抓住。俗话说，“未出茅庐先知天下三分”。桂常青之所以走上五谷磨房这条养生创业之路，是有历史“渊源”的。

2005年秋，桂常青生下了女儿。初为人母，桂常青欣喜异常。女儿漂亮可爱，美中不足的是头发十分稀少。这是为什么呢？经过询问才知，原来是在怀孕时没吃核桃和芝麻。桂常青为此十分后悔，于是就开始四处寻找各种补救办法。后来，她从别人那里听说妈妈吃什么，孩子就吃什么，因为营养会随着母乳供给孩子。于是，桂常青就开始亲自动手将核桃、芝麻、黑豆、黑米等民间认可可以乌发的东西炒熟后磨粉，每天早晚用开水冲成糊给女儿吃。这样吃了一段时间后，女儿的头发真的长出了很多。

诗歌有言："桂子花开，十里飘香。"桂常青研制的磨粉，很快就被隔壁的邻居知道了，于是很多人都纷纷上门取经。那段时间，桂常青的家里总是坐满了人，大家聚在一块谈论着"五谷养生"的话题。

多年的快速消费品行业经验和商业感觉使得桂常青意识到五谷养生将会成为未来人们热衷的养生方式！桂常青曾师从同济医科大学的知名中医，而且还有 8 年的医药保健品行业的从业经历，再加上自己的养生体验，桂常青慢慢萌生了创业的想法。

于是，桂常青一方面在书籍和网络中查阅资料，一方面请教中医和营养专家，琢磨各种食材的四性五味、食疗宜忌，开始亲手研制多种口味的样品，分给不同的人群，开始了最初的市场调查。

2006 年，桂常青注册成立了香雅食品有限公司。同年 3 月，桂常青便在深圳一家莲塘岁宝超市开设了"五谷磨房"现磨健康膳食的第一个柜台。

开张第一天，柜台就被络绎不绝的顾客围了个水泄不通。虽然销售额不是很高，只有 1000 多元，但五谷磨房的产品却受到了很多人的欢迎。这也大大增加了桂常青的信心。为了保证产品的质量，五谷磨房产品要经过精选材料、筛选、清洗、低温烘焙、自然冷却、包装、选配、现磨等严格的八道工序。桂常青常常亲自下坊去监督这些工序是否落实、做出的产品是否合格，有时还要废寝忘食地研究新品种的磨法和指导工人的操作。

在桂常青的苦心经营下，经过五年多的发展，香雅已经在国内 160 多个城市中开设了近 1000 家柜台。在沃尔玛、家乐福、大润发、华润万家等大型超市的生鲜区域都能看到"五谷磨房"的身影。

就在香雅公司慢慢做大的同时，很多人要求加盟“五谷磨房”。但为了保证食品质量和品牌影响力，桂常青一直坚持着高成本的“店中店”的联营模式，在各大商超中设立柜台，给商超一定的分成比例。与此同时，她还意识到坚持联营模式一定会遇到销售的天花板。要想在未来走得更好，就必须建立一个电子商务平台，以及品牌直营专卖店。

创业初期，桂常青和元老团队一起在一个两居室的家庭办公室给促销人员做培训；如今，为了建立一个良好办公环境、吸引更多优秀人才，香雅在深圳南山科技园区租下了1000平方米的办公楼。

随后，桂常青又在距离武汉五六十公里的团风县签下了200亩的食品工业园的用地，以积极筹备在九省通衢的武汉建立香雅食品工业园。另外，“香雅”也在积极打造旗下新品牌，将于不久之后上市。

香雅的发展之快，令人咂然。2006年3月成立第一家柜台，当年销售收入90多万元；2007年销售收入450万元；到了2008年，增加至3415万元；2009年创下1.7亿元的纪录；2010年拿下3.4亿元销售收入。创业前四年的营业额复合增长率达到500%。

2007年，香雅已经有了400多万的销售收入，三四百平方米的厂房的产能已经不能满足市场需求。随着公司的迅猛发展，桂常青又建了一个新厂。

2010年3月，香雅获得了赛富亚洲投资基金人管理公司2000万美元的投资，用于新柜面的扩张、上游产业链的完善以及设备的更新换代。桂常青借助资本外力完善上游产业链，进一步扎稳了香雅向前发展的根基。随后，桂常青先后在云南建立了1万亩的有机核桃基地，在湖北黄冈建立了一个大型的芝麻基地，在广西建立了淮山原料采集地，并与河南的“好想你”枣业、山东老字号东阿镇“福”牌阿胶签署了战略合作协议。而在“赛富亚洲”的建议下，桂常青又建立了电子商务销售平台，线上销售额占到了公司总销售额的两个百分点。

如今，五谷磨房的销售网络已覆盖全国100多个重点城市，并仍以每天2家专柜的速度在扩张。

对于所有创业者来说，机会无处不在，关键是看你能否抓住。也许在很多人眼里，桂常青的成功是幸运的，但我们需要明白的是，机会永远是靠自己找来的，而不是靠上帝施舍的。试想，天下的母亲千千万，为何只有桂常青在女儿的身上发现了商机？这是因为，在桂常青看来，任何地方都有存在机会的可能，只有勇敢地去尝试，才能知道自己到底能不能成功。

22

创业模式

专为老人盖房子

目前，我国的人口老龄化问题已经成了一个比较严重的问题，在这个过程中，有人认为人口老龄化将会催生一个巨大的养老服务消费市场，养老产业将会成为未来经济社会发展的核心。巨大的养老服务需求将推动我国养老产业的发展，养老产业将成为未来经济社会发展过程中的重要乃至主导性的因素，成为未来经济结构的核心。

虽然政府提出了一系列养老社会化的政策，但这些政策仍然是按照传统社会福利院的模式发展养老服务。福利院养老模式的特征在于其低品质、低层次的保障型服务模式，这一服务模式存在着很多危险性。比如单一、低效的服务完全无法满足多样化与品质化的养老需求。随着我们经济社会发展水平的不断提高，养老需求不再只是对基本生活照料与保障的需求，而是上升到心理的、精神的、文化的与价值的需求。

然而，我国的大多数福利院不仅环境设施较为简朴，服务理念也十分落后，从根本上是无法满足现代老年人的养老需求的，这便导致90%的老人不愿意到福利院去养老。而单一的福利院模式最终也会阻碍养老产业的发展。低端性的服务模式以及非营利的政策思路不仅无法培育积极的养老消费市场，还无法吸引更多企业的参与并形成规模效应，也就无法建立可持续发展的机制。

那么，有没有一种模式能够解决这些问题呢？亲和源股份有限公司董事长奚志勇便是第一个尝试对目前的福利院模式进行创新的人。在他看来，要实现养老产业的发展，就必须对现有的福利院的发展模式进行创新，打破传统的管理模式、服务模式、政策思路以及僵化的运营体制。鉴于此，他便创办了亲和源股份有限公司，旨在为广大老年消费者提供满意的养老服务。

奚志勇在创办亲和源股份有限公司前，曾是一名机关干部，主管招商引资。2002年底，奚志勇离开工作多年的单位，准备自己创业。由于之前的工作原因，奚志勇结识了很多企业家。当这些企业家得知奚志勇辞职的消息后，都纷纷想让他加盟。

就在这一年，一个偶然的机会，他成了长江商学院EMBA的学员。在这个学院里，奚志勇接触了很多企业老板，在跟他们的聊天中，奚志勇慢慢意识到自己也是可以尝试创业的。奚志勇是一个大孝子，很早以前就想办一家养老院。此时，他的这个念头又涌了出来。

于是，在2003年5月，奚志勇便与合伙人一起注册了新建桥集团，开始筹划养老项目。之前的很多企业家好友听说奚志勇下海的消息之后，都纷纷要求投资入股。很快，亲和源的注册资金就增加到了2个亿。

有了资金支持之后，奚志勇便成立了亲和源股份有限公司。由于模式较为新颖，公司成立之初，就吸引了很多投资公司的目光，他们在参观了亲和源之后，都表示愿意为公司注资。挚信资本首席合伙人李曙君从2006年成立起，就一直在关注国内的养老产业，此前他曾看了很多国内外的养老机构，但都不大满意，唯有“亲和源”让李曙君有了投资的打算。

注重精神层面的“养老”是奚志勇和他的团队一直所坚持的经营理念。在此之前，奚志勇曾做过一番深入的调查。比如他曾参观过常熟的一家养老院，那里的各种设置造得既休闲又漂亮。老人告诉他：在这里住得不错，但说不上为啥，感觉就是不如住在家好。渐渐地，奚志勇发现，国内好多养老院硬件很好，但鲜有人愿意去住。这是为什么呢？

于是，他们开始找原因，为此，他还特地聘请了养老产业的专家、学者作为顾问。经过调查研究，他们发现，所谓的“家”，要想让老人们住着舒服自在，就应该有家的样子。这样的家，里面必须有厨房，钥匙必须由自已拿着，要独门独户、有隐私的空间。而那些传统的养老机构却没有这些考虑。

鉴于此，奚志勇明确了公司的经营方向，他认为亲和源必须要做成一个完全属于老人的家的概念。

为了将这样的理念付诸实践，亲和源推出了会员制模式，并设计了A卡和B卡两种形式。如果一对达到法定退休年龄的老夫妇购买了A卡，他们不仅可以在亲和源社区自由选择大、中、小三种户型中的一套房屋，还可以作为遗产留给子女，因为A卡有效期与房屋土地的使用年限相同，且不记名、可继承、可转让；B卡是记名卡，有效期至老人生命终结，但有一个15年的界限，如果只住了5年，剩余10年的费用将被退还给家属，如果居住期在15年以上，超过的部分免费，另外，对应大、中、小三种户型，B卡以三种价格出售。

目前，A卡已经涨到75万/张；而B卡对应的三种不同户型价格分别达45万、58万和85万。不过，要住进亲和源养老社区，A卡会员还要按照房屋面积，每年缴纳3–7万不等的管理费，B卡会员则无论面积大小，每年统一缴纳管理费 2.3 万元。

在确定了会员制模式之后，奚志勇又把思考重点放在了如何建立一套优质的服务体系上。在他看来，“亲和源”只有具有一套独特的服务体系，才能显示出比“家”更好的优势来。于是，奚志勇一方面为老人配备了生活秘书、健康秘书和快乐秘书，专门负责解决老人生活中的各种问题；另一方面还在社区内设立了护理医院、颐养院、健康会所、配餐中心、老年大学、图书馆、文体活动室、咖啡厅、门球场等配套设施。

到了 2009 年，“亲和源”的销售已经呈现出了一派繁荣的景象。此外，“亲和源”还推出了具有产权的 C 卡，拿出一栋楼进行销售。这张具有产权的 C 卡售价与周围房产的价格持平，但高于 A 卡和 B 卡的价格。

目前，“亲和源”已经销售了 450 多张卡，已有接近 600 人入住，而整个社区可接纳的入住总量为 1600 位左右。

“亲和源”和那些传统的养老机构比起来有很多独特的地方：

第一，它不是一个以床位为管理思路的机构，而是一个将居家养老与专业化照顾相结合的专业化的养老生活社区。在“亲和源”，一切环境、设施、配套、智能化的体系都是为养老而专门设计，专业化与高品质是亲和源社区的一个重要特征。

第二，它提出了“代天下子女尽孝，替世间父母分忧”的养老服务理念。“亲和源”所倡导的是一种“大爱”的精神，把子女对父母的行孝、转化为养老服务岗位的职责，将家庭养老文化与社会养老服务相结合，将传统的孝道亲情社会化。

第三，采用俱乐部式的会员制模式。奚志勇志在把亲和源社区打造成为中国最现代、最高端的养老聚居地。这种服务模式保障了养老服务的专业化、个性化、人性化与品质化。科学、合理、全面地建立会员个性化的生活模型，在此基础上，以多种沟通渠道与会员进行积极的互动，为老人提供高价值的养老服务产品。

第四，搭建了系统与专业化分工的服务平台。“亲和源”的服务体系包括生活照料、家政服务、物业管理、医疗康复、营养餐饮、文化娱乐等。与传统养老机构运营所不同的是，“亲和源”没有将上述的服务内容全部纳入自己管理的范围之内，而是整合了目前市场上具有一定品牌影响力、专业化程度较高、符合亲和源服务理念的其他行业资源，组成满足老年人需求的专业化服务资源平台。

这些专业机构，在自己的专业领域有着非常高的知名度，在亲和源品牌统领下，他们组成了战略合作联盟，可以确保在较短的时间内，迅速形成一流的服务支撑体系。

在奚志勇看来，在老龄化社会，老人所扮演的角色应该是积极的、主动的，他们应该仍然是这一社会的主角与核心，整个社会、经济、文化都应该以老年人为中心。养老服务不再是为使老年人维持生命生存的基本手段与保障，而是为了让老年人更好地生活、更好地享受经济社会发展成果的现实载体。老年人所享受到的不只是舒适与保障，更应该是价值与尊严。所以“亲和源”希望创造一种全新的养老模式，创造一种养老的生活方式，引领养老的新生活，把老人从传统的养老模式中解放出来，让老人真正成为我们社会的主角与中心。

未来5年，被奚志勇视为“亲和源”尤为关键的5年。他看到的是时代带来的机会。1978年，中国开始实行计划生育政策，中国的第一批独生子女也在这年出生，如今他们已过而立之年，父母也到了65岁左右的年龄。再过5年，这批人就到了70岁，养老需求将凸显出来，而这在奚志勇看来，将是一个巨大的商机。

为此，奚志勇打算在引入资本后，将尝试进行全国连锁经营。2010年12月27日，“亲和源”在北京钓鱼台同万科签订了战略联盟合作协议，成为万科开发建设的“活跃长者住宅”的管理服务提供商。

23 创业模式 赚的就是返利

有这样一个购物中介网站。其采用购物返现金的形式，聚集大量网购会员，会员从这里去各大网上商城购物，订单完成后(无退货)，网站作为该商城的合作伙伴，可从该商城得到一定比例的销售佣金。网站再把佣金的绝大部分返还给会员，从而实现买卖双方与平台方的三方共赢。这个网站就是返利网。

该网站的创办人名叫葛永昌，所谓“购物中介”，即返利网和 B2C 网站达成客户关系，消费者从返利网的页面进入客户网站购物，就能得到比例不等的现金返利，而 B2C 网站则按照商定的比例付给返利网返点。这对消费者来说可是看得到的好处。

这种购物模式在欧美已出现很久，但在国内却尚未出现。这也正是葛永昌打算尝试一下的原因。

在创办返利网之前，葛永昌在一家名为 Pactec Soft 的美国互联网公司做高级工程师，主要负责网站开发和项目管理。虽然薪金待遇不错，但对于生性喜欢挑战的葛永昌来说，这种朝九晚五，一成不变的生活让他觉得没有任何激情，于是他便有了自己创业的念头。

然而，葛永昌不是一个冲动型的人，和很多人不同的是，他在没有十足的把握之前是不会轻举妄动的。为了给自己的创业打好基础，葛永昌找到了同事让其负责产品的界面和用户体验设计，自己则动手写程序。他把内部服务器架在自己家的客厅里。同时，他们开始逐一拜访一些大客户，到了 2007 年 6 月，用户增长率已经达到了每月至少 30%。这个数据让葛永昌信心倍增，于是他便提交了辞呈，开始正式创业了。

创业之初，葛永昌的资金只有 10 万，除去购买服务器、人力成本和其他支出，很快就没钱了。由于资金的限制，葛永昌无法进行市场营销，只能通过原始的“人际传播”。同时，葛永昌也意识到，对于像他这样的小公司来说，让消费者收到返利现金是赢得他们信任的唯一途径。

为了博得商业客户的信任，葛永昌不收客户一分钱。只有消费者在客户网站上付完款、收到货物且过了商品退货期后，一个交易的流程才算结束，客户才需要在两个月之后支付费用。

葛永昌第一家谈下来的是当当网，这个国内领先的 B2C 公司对 Cash Back 模式早有耳闻，葛永昌在和他们的市场营销部取得联系后，很快就凭借“无订单，无回报”的诚意搞定了与当当网的利润分成比例、数据库的对接和其他所有手续。

2007 年 1 月，当当网把第一笔回款 400 元打给了葛永昌。这是葛永昌的第一笔收入。

随后，返利网便迎来了爆炸式的发展。用户通过返利网的端口进入三四百个 B2C 公司(包括淘宝、京东商城、1 号店、当当网、麦考林、大众点评、美团、糯米网等)进行购物，事后就可以获得返利网赠予的返利。而登陆返利网的购物网站则需要付给返利网广告费。返利网创始人、CEO 葛永昌说，每月广告的 70%用来给用户返利和相关赔付等。

当然，返利网能带给用户的好处不仅仅是返利。还有联合登陆，只需一个账号就可以登陆所有与返利网进行合作的三四百个购物网站；优惠券，不同于事后返利，优惠券是参与活动的商家通过返利网赠给用户，用于事前消费；消费者保护计划，相当于消费者的担保，用于调节商家和用户之间的纠纷，给消费者进行赔偿，同时还提供比价功能。

返利网给用户带来了最大程度的便捷和优惠。参与返利的网站知名度高并且数量多，涵盖范围广，几乎常用的所有购物网站都在列其中。返利网汇集了所有的优惠活动，将其展示给用户，其返利的比例在行业内是最高的。根据不同行业的利润不同，返利比例也不尽相同。服装类的返利高达 30%–40%，目前正在返利的一个内衣品牌，返利高达 50%；食品、数码类比较小 1%–2%。

目前，返利网的注册用户已有 300 万，每月新增 30–50 万用户；每月生成 5 万订单，为客户带去 3 亿营业额；每月有 500–600 万用于返利。普通购物网站的用户转化率只有千分之一，即使京东和淘宝也分别只有 3%和 7%，而返利网的用户转化率远远高出它们，高达 25%。其用户的活跃程度也远高于其他购物网站，返利网平均每个用户每月生成 8 个订单，而普通购物网站只有 1.2 个订单。

葛永昌将这些成就归功于“满足客户需求”。他说：“现在大家网购主要是为了价格优惠。网络商城成本更低一些，所以同样的东西，网购总是会更便宜一些，并且又选择多、途径便捷。返利网做的事情很简单，找到用户的需求，然后去满足它。”只要可以不断满足客户的需求，他们自然会越来越喜欢这个东西，营业额和利润也就是水到渠成的事情了。

葛永昌旨在把返利网打造成一个平台化服务的网站，网站不生产自己的产品，只生产服务，只有通过用户的反复使用才能获利，所以服务质量是决胜关键。只有满足用户的每一个细节需求，一点一滴的积累，长此以往，差异化才会越来越明显，用户也自然会越来越喜欢。当葛永昌被问到如何面对激烈竞争时，他很坦然："我们的目标很简单，帮用户省钱。我们的做法也很简单，深度挖掘用户需求。找到它，然后满足它。"

返利网建立了自己的论坛，每天有上万照片被网友上传晒单，分享购物体验。同时，葛永昌很贴心地为用户考虑，有些用户拿到了优惠券，如果不用浪费了又很可惜，不如和那些需要优惠券的用户进行交易，互补需求，于是还建立了 C2C 的优惠券交易平台。

除了正在试点的消费者保护计划之外，为了消除用户的消费盲目性、良好导购用户、便捷用户，返利网目前正在开发垂直的社交网络和手机应用程序，预计年底将投入应用。

葛永昌说，目前返利网只分享了市场的 2-3 个百分点，还有超过 90%的市场有待开发。他的目标是三年达到一亿用户。返利网的成功已经吸引了创投人的关注，不久前，他们拿到了启明创投和迪士尼旗下思伟投资千亿美元的联合投资。

以最低的成本扩大返利网的知名度是葛永昌一直在考虑的问题。几度揣摩之后，他意识到，相对于凡客的砸钱广告，他更愿意依靠口碑传播。凡客的名声已经在外，创投人愿意砸大把的钱打造品牌；而返利网不同，还在起步阶段。况且现在网购被炒得太热，并非进入广告推广的好时机，花大把的钱不一定带得回想要的效果，所以他更愿意砸钱去塑造服务。更何况，微传播时代是口碑传播的时代，在这个时代，服务就是王牌。他相信，真金白银的返利优惠，大家看得到。

葛永昌给返利网的定位是“第三方网购门户”。他想做的是为活跃在互联网里的“上帝”服务好：让他们买到最便宜的商品、得到最及时的优惠信息、提供第三方信用评级、扩展会员服务……用“返利”的甜头把消费者都笼络到返利网来，无疑像是在电商平台的大门旁边打开了另一道门，更重要的是它还能让电商们心甘情愿地分出一块蛋糕。

葛永昌把返利网的商家资源分为两类：一类是急需用户的“发展中平台”，一类是用户基数很大、但需要一个能提高老用户活跃度的社区。返利网为商家带去的客户里，既有新用户，也有原来的老用户，老用户之所以愿意选择返利网这个入口，相当大的原因是因为返利的甜头。

返利网的用户速度正在快速增长，葛永昌拿到风投的融资后，正在琢磨如何把基数做到一个亿。

葛永昌心中的返利网要大大走出“返利”的范畴，“返利只是一个由头!”

现在只要通过返利网的购物搜索引擎，就能找到同一件商品在不同购物平台里的信息，让用户避免因“吊死在一棵树上”，而得不到全面的比较。此外，用户在返利网拿到返利的甜头的同时，还能得到额外的优惠券。而且返利网还拥有一个人气不错的网购讨论社区，网友可以互相分享网购心得，比如晒晒“战利品”，讨论商家的服务，介绍好的去处等等。

返利网现在还在向大众点评靠拢，正在做一个商家信用评级系统。“那些商家现在对返利网的点评非常重视，而返利网就是要做成一个最大的网购门户，为他们提供尽可能多的服务。”

2006 年葛永昌创办了返利网，直到 2008 年 8 月，他和他的公司才迎来了第一笔 500 万的投资。也就是从那一年起，返利网和它的返利模式越来越多地受到传统门户网站的青睐。2008 年 12 月，腾讯向葛永昌开门见山地提出了并购请求。腾讯此次大嘴一张，想一口气“吃掉”返利网的做法让葛永昌感到惶恐。不过，很快葛永昌就做出了一个令人意想不到的决定，拒绝了腾讯的并购要求。尽管如此，返利网的做法还是渐渐地在各大门户网站上遍地开花。此后不久，腾讯、网易等门户均打出返利这张牌，网易更是接着返利模式开始涉足 B2C 现金流业务。

从 2010 年开始，团购网站的“百团大战”拉开序幕。团购网站的大量上线，也让返利网的客户群迅速扩大。这群还“吃不饱”的互联网新兵正是返利网那群归属“发展中平台”的客户。在团购网站风生水起之时，返利网的团购板块也在 2011 年最终上线。

对于返利网而言，跟团购网站合作，给它带来的不仅是返利，团购网背后的庞大线下商家资源能直接带动线上消费与线下消费的互动，也扩充了返利网的线下商家资源。和传统电商客户不同，传统电子商务网站提供的是实物，而大部分团购网站提供的则是线下服务为主。

在与团购网站直接合作之前，消费者在完成订单后，总要等上一段时间才能从返利网获得返利，这是因为返利网和各大团购网站之间的后台 IT 系统没能做到快速对接。对于团购消费者而言，“用户是需要得到及时体验的”，后台无法对接给返利网的资金流动造成了巨大的压力。

截止到 2011 年底，国内的团购网站数量已经达到上千家。消费者一一浏览的话，总会有“乱花渐欲迷人眼”的感觉。返利网适时推出团购频道，无疑是解决了消费者这方面的困扰。返利网为自己的用户开通了一键登录服务功能，用户无需重新注册团购网站，用返利网的账号就可以直接登录到各大团购网站。此外，返利网还为用户提供账单、订单管理等功能。这样一来就免去了用户一家一家网站注册的麻烦，事实证明，这样的后台对接模式为返利网和用户取得了双赢的结果。

迄今为止，聚集在返利网平台的注册用户已经有 400 多万，活跃用户占到 15%～20%，而网站的购买转化率则能达到 25%，这比一般电商网站的转化率要高出很多。葛永昌和他的返利网在度过了 2006–2008 年那困难的三年之后，随着返利模式爆发性增长时期的到来，返利网也从 2009 年进入了稳定发展期。与此同时，返利网与其他电商的合作模式也日渐成熟。就拿当当网举例，2011 年通过与返利网的合作，当当网的销售收入与 2010 年同期相比大概增长了 4 倍。

24 创业模式
指纹支付里的商机

指纹支付是我们经常在美国科幻电影里看到的现象，它无需钱包，无需现金，十分方便，然而这在现实生活中是所有人都无法想象的。不过，有一个人却对此进行了大胆的尝试，并且取得了可喜的成绩。这个人就是上海点佰趣信息科技有限公司创始人陈晓峰。该公司所推出的“指付通”业务，就是一个为用户提供指纹支付服务的产品，它是将传统的刷卡认证变为生物识别认证，不需要任何介质(例如银行卡)便能支付。

那么陈晓峰是如何跟“指付通”结缘的呢？早在大学时期，陈晓峰就是一个坚定的创业拥护者，那是 1999 年，当时甚至还没出现“创业”这个词，但那时的陈晓峰就是一心想要做点事。于是经过一段时间的深思熟虑，他便和同学创立了“classover”。这个网站一经成立，就受到了广大大学生的热捧，甚至成了很多大学生生活中不可或缺的一部分。由于这个网站是一个免费为学生服务的网站，所以没有盈利。不久，陈晓峰就把这个网站出售了。他也从中获得了人生的第一桶金。

有了这第一桶金，陈晓峰又做了很多事。他先是办了一份杂志，后来又成立了润盛基金，还相继投资了郁金香传媒、分众传媒、名品导购网、永琪美容美发等多家知名成功企业。在这段时间里，陈晓峰就这样四处漂着，始终没找到一个合适的创业时机。直到他遇到了“立佰趣”的 CTO 刘君，情况彻底发生了改变。

当时的“立佰趣”是一家拥有自主知识产权的全球领先指纹识别技术、主要服务于军方应用的专业指纹技术公司。而它的负责人刘君则是一个长期从事生物识别技术研发工作、我国生物识别技术领域的顶尖专家。敏感的陈晓峰立刻意识到这将是一个极有前途的公司，于是便打算向其投资。但这个想法却遭到了很多人的反对，他们认为指纹技术的发展前景十分有限，很难做大。与普及度极高的个人电脑相比，指纹的应用领域却十分狭窄，主要是用于保险箱、考勤箱、门禁等，在这些地方，通常都是一群人用一台，没有特殊情况，一般是不会更换的。此外，个人电脑的利润薄、量大，而指纹应用的利润大，但量小。

但主意已定的陈晓峰却不为所动，他坚信指纹应用的未来一定会迎来一个巨大的发展空间。于是在 2004 年底，陈晓峰正式向“立佰趣”投资了。

然而，让陈晓峰想不到的是，一个电影却让他产生了独自创业的想法。一次，陈晓峰看了一部名叫《回到未来》的美国科幻影片。他被剧中的一个场景深深地吸引了：主人公搭乘出租车，下车时，轻轻地将手指按在一个机器上便支付了车费。看完电影后，陈晓峰念念不忘电影里指纹识别的镜头。同时，他已然窥到其背后的巨大商机。陈晓峰开始在网上搜索相关的信息。但结果令他大失所望，很多公司都号称自己拥有“指纹识别”技术，难道这个行业的门槛这么低?

经过进一步仔细研究后，陈晓峰惊喜地发现，几乎所有网站上号称自己有指纹识别技术的公司的具体产品，无外乎考勤机、保险箱、门禁系统三种，并且外观几乎都一样，各种参数描述更是如出一辙。难道他们都是经销商?带着这样的猜测，陈晓峰开始找这些公司“探底”，很快发现他们所谓的“核心技术团队”其实是同一个人，而且就在中国。这个团队的核心人物即是现在“立佰趣”的首席技术官刘君。

技术是陈晓峰必须先攻克的第一关。“三顾茅庐”之后，刘君终于向陈晓峰揭开了这个行业的神秘面纱，也答应与其一起闯荡指纹支付的“蓝海”。2006年，陈晓峰正式将指纹识别应用到了生活消费领域。是年，在与合作银行联手后，凭手指指纹无密码的电子支付业务“指付通”面世。

从成立到正式运营，“指付通”经历了3年多的时间。这3年间，“指付通”和各家银行进行合作，进行指纹支付的试点，经过3年的银行近乎苛刻的内部测试和限制性试运营后，终于在2010年正式投入运营，其推广的不仅是一种支付方式，更是一种认证方式。指纹支付的原理是，将用户的指纹信息数据与指定银行账户相互绑定，当用户购物、消费后，伸出手指在“指付通”的指纹识别终端中扫描，确认是本人后，便可轻松完成支付，整个交易过程为5秒以内，消费的金额会在对应的银行账户中扣除。由于指纹信息独一无二，因此整个支付过程十分安全、便捷，而且时尚、潇洒。

与传统的门禁、考勤等指纹识别设备使用的指纹图像识别技术不同，“指付通”拥有的活体特征点——指纹识别技术是在每枚指纹中提取若干微小的特征点，并将其以矢量加密的方式转化为一组指纹数据信息，每次按压获得数据均不同，最终通过识别算法对各组数据的内部逻辑关系加以判断，从而进行识别。如果只是手指表皮层有轻微划伤没有伤到真皮层，依然还是可以正常使用的。

另外，“指付通”仅对具有生命特征的指纹进行识别，也就是说即使“断指”都是没用的，更不用说仿造。这样大大避免了指纹被盗取或仿制的可能性。

在陈晓峰看来，随着经济的发展和人们消费习惯的变化，服务类支出占据了越来越多的比重。服务类消费由于需要特定的场所以及特定的服务人员，无法采用国美和京东的模式采购后集中成列销售，团购就是在这种情况下出现的。

如今，团购已经在朝服务行业大卖场方向走了，但它只走了半步。团购的概念，还是集中采购，但却存在着很多问题，根本原因就是用户要首先付钱给团购网站，而不是付钱给商家，这就产生了万一团购网站或者商家在用户消费前发生问题的风险，并遇到服务打折问题。因为商户不需要用户满意，只要证明服务过了，就能向团购网站收费。陈晓峰认为，团购通过现金流的搬运，实现了大宗采购，但它的缺点是，不能掌握现金流的流通网络，只是建立了一个零星、简易的网络，用户把钱给团购网站，商户只需证明为用户服务过而并非一定满意服务后，团购网站就把钱付给商户。

而“指付通”则是一个全新的尝试。它依托循环现金流开发出了一个全新的、市场更为庞大的无需库存、物流的服务业大卖场。例如，“指付通”预付给服务业商户 10 万元，获得商户提供的高额折扣，再提供给用户随时享受此优惠折扣的服务。这等于“指付通”开了张大储值卡，所有“指付通”用户在一起使用这张大卡，无需储值即享有高额折扣的优惠。陈晓峰说：“如果用户去买衣服，VIP 打九折。我们事先低折扣买断一定金额的商品，如果是‘指付通’用户，可以享受比 VIP 更多的折扣；如果商场打折促销，用户可以享受时间更长、折扣更低的服务。同理，‘指付通’先行买断酒店一定的房间，用户去住店，直接致电酒店，无需通过任何代理，就可享受比代理价更为优惠的协议价。”在他看来，这种金融循环具有着惊人的魔力。

“指付通”的创新之处在于金融循环，没有仓储，也不需要物流，通过现金流循环实现创新，实现大卖场模式。“指付通”相当于这个大卖场的入场券，有了这个入场券，用户就可以随时随地进入大卖场满意消费。而获得这个入场券，用户需要做的就是去银行免费办理“指付通”业务。而且用户还可以向这个大卖场提希望得到什么样的服务，“指付通”会根据用户需求，事先集中进行采购，不断丰富这个大卖场的产品。

从2010年正式运营以来，“指付通”用户已超过70万，合作商户达1万多家。“指付通”今年计划大力发展上海市场，之后，将“服务业大卖场”商业模式复制到国内其他城市乃至亚洲指日可待。

作为亚洲唯一的指纹支付营运商，立佰趣的“指付通”用户在2009年底已超过18万人，上海地区指纹支付的活跃用户数量达10万余人，商户终端近8000台。

虽然“指付通”对于传统的支付方式，无异于是一场革命。但陈晓峰却只把它看成是支付方式的一种补充。此时，如何真正实现其“一指行天下”的口号，成了陈晓峰日思夜想的问题。

细心的他注意到，一直以来，凭VIP卡、打折券、优惠短信等方式已成为上海消费者获得商家优惠最主要的途径之一。但都市“券券族”也有粗心大意的时候，如果将证明优惠资格的介质弄丢了，或是在买单时忘了出具优惠短信，那应有享受的优惠是否就此擦身而过了？

而且，陈晓峰认为对于消费者来说，以指纹支付固然很潇洒、很方便，但已经习惯刷卡消费的他们，真的会放下手中的卡，去网点申请指付通吗？为了解决这个问题，在2010年的6月，陈晓峰又推出了“指财通”业务。这意味着用户仅需自己的手指，无需任何介质就能在商户中享受相应的优惠以及同步完成买单。对商户而言，指纹支付网络不仅越撒越大，也愈加精准。

“指付通”用户只要通过“指付通”网站、短信以及设立在各大商场、购物中心、超市设立的“指付通”服务站等渠道关联了无需下载和打印的“指财券”，就相当于用户点击了优惠信息广告，该电子优惠券即可自动与用户的“指付通”，也就是指纹支付相关联。从用户到商户，无需出示任何东西，甚至不用和商户营业员进行任何沟通交涉，只要手指一按，即可一步完成优惠价计算及银行账户扣款。这样的“打包”优惠支付方式无疑更讨消费者的欢心。

很快，陈晓峰就开始大规模扩张市场了。他在上海人流汇集的百货商场、购物中心、大型超市卖场等繁华商业街设立了“指付通”体验站，消费者除了可现场打印传统的优惠券，“指付通”用户方便地关联“指财券”及进行指纹注册、开通“指付通”外，还将逐步把各种金融便民服务集于一体，包括公共事业自助缴费、信用卡自助还款、周边各类消费场所推荐等多项日常服务。此时，陈晓峰的目标只有一个，那就是拓展更多能带来直接利益的商户。

为加快“指财通”业务的扩张速度和范围，以满足日渐增多的用户需要及逐步建立个性化服务的宗旨，陈晓峰还首创了“分一半”的代理商政策。简单来说就是将“指财通”最终收益的50%分给代理商，代理商无需任何投资，唯一需要做的事情就是拓展“指财通”合作商户，并负责与商户洽谈各类营销活动。“立佰趣”将会承担所有设备投资，包括终端设备、终端维护、相关系统平台的建设、运营及广告发布等。

“‘分一半’代理商政策将不设立总代理，而采用代理商与“立佰趣”直接合作的模式，根据代理商的实际情况按行业、区域进行授权代理，从而实现扁平化的多渠道共同合作发展。在他看来，“指财通”的诞生是完善指纹支付的重要一环，也是立佰趣创立至今关键的“临门一脚”。目前，立佰趣拥有多项世界领先的自主知识产权的指纹识别技术，并致力于生物识别技术的大规模实际应用。这使得它吸引了很多投资公司的目光。

陈晓峰正用他的创业故事在证明：商机往往就藏匿在不起眼处，未来指纹支付一“触”即发的威力不容小觑。

很多人一辈子都在梦想着机会，他们经常说：“只要给我机会，我就一定能成功。”似乎在这些人的眼里，机会不是靠自己找来的，而是靠等来的。于是，他们就这样漫无目的地等下去，一年，两年……直到所有的激情都被消磨殆尽，他们才不得不跟自己的梦想说再见。事实上，机会只属于那些积极寻找它的人。这样的人通常有着敏锐的商业嗅觉，他们一方面渴望成功，一方面又脚踏实地。他们不会放过任何可以发财致富的机会，即使是那些在别人看来，根本没有任何前途的机会，他们也敢于去尝试。

在陈晓峰之前，谁会想到指纹也可以用来做生意呢？然而，这个小小的机会却被陈晓峰牢牢地抓住了。于是，他成立了公司，获得了成功。当有人质疑他时，他对自己信心十足。在他的世界里，一个小小的机会往往可以做成大生意，实现大理想。

25 创业模式

敢于重塑标准

如今的商业环境和之前比起来，已经发生了巨大的变化。其变化速度变快，行业之间的壁垒变得更加脆弱了，又因为全球化和信息化的影响，破坏力的传播速度变得更快了。处于这样一个生态系统中，之前的那些成功者跟新的创业者比起来，似乎并不具备太多的优势。他们并不会比任何人先知先觉，由于一直以来的优势心理，使得他们总是把目光放在那些同一级别的对手身上。而他们所依赖的所谓的成熟的经理人和咨询专家，在那些行业的信息和琐碎的细节面前，也并不比陌生的闯入者更有优势。由于过去的思维模式和经营观念的影响，他们已经对转机和变盘失去了观察力和感受力。

而对于那些行业外的闯入者来说，由于他们对那些行业里的细枝末节一无所知，所以就使得他们往往都有一种大局观，想问题和做判断时，总会从抽象和总体入手，他们的跨界思维要远远强于那些成功者。正所谓无知者无畏，机会在这些外来的闯入者面前，似乎总是变得清晰，他们有勇气去做任何尝试，自然成功也就离他们越近了。

众所周知的“航班管家”就是这样一个闯入者。“航班管家”是北京傲天汇金科技有限公司底下的一个知名产品，它的创始人名叫王江。

2011年底，对于国内的资本市场来说，是一个难熬的冬季。此时的资本市场正在遭“寒流”的袭击。从电子商务到移动互联网领域，很多公司都没能幸免，遭受了侵袭。然而，就在这个令人绝望的时期，一款移动互联网应用“航班管家”却先后获得了红杉资本A轮500万美元的投资，以及经纬创投和GreylockB轮1500万美元的投资。这使得“航班管家”成了同一时期起步的移动互联网企业中极少数已完成B轮融资的企业之一。为什么“航班管家”能够在如此严峻的时期，获得投资公司的青睐呢？原因就在于，这些投资公司看到了它未来的发展前景。

王江早年曾有过一次成功的创业经历，后来他将公司出售，移民去了澳洲。王江本以为自己从此可以过上一种期待已久的悠闲生活了，但他在2009年的一次北京之旅，却将他的愿望打破了。

起初，王江只是“航班专家”的天使投资人之一，而真正的创始人则是139邮箱的联合创始人李黎军。

李黎军对“航班专家”的定位起初是将航空数据资源与移动资源相结合，采用SP服务商的机制从运营商那里申请一些绿色通道，直接为用户提供付费的增值服务，例如订阅航班动态等。在当时，3G时代还未来临，智能手机的用户也屈指可数，这样的一种定位，对于李黎军来说，是一个可以获得稳定现金流的绝佳机会。然而，它此后的发展却一直处于一种不温不火的状态中。

第二年，李黎军和王江又合伙开发了一个与“航班专家”类似的基于手机 Java 的客户端“搜吃搜玩”的产品。这个产品和之前的那个设计比起来，情况要好很多。可就在这时，金融风暴来了。随着融资越来越困难，“搜吃搜玩”的现金流十分紧张。于是，一些人建议利用航班专家在手机上卖机票，转型做手机版携程。但王江却并不看好。2009 年 4 月，他返回北京，决定将“搜吃搜玩”、“航班专家”和一个名为“电影捌”的移动应用公司合并在一起，改航班专家为“航班管家”，重新向移动互联网领域发起进攻。

就在王江走马上任的前几个月，国家信息产业部正式发放了三张 3G 牌照，从此中国正式进入了移动互联网时代。几个月后，苹果的 iPhone 正式进入中国大陆。当时，很多人对这一举措并没有太上心，然而王江却从中发现了机会。

在王江看来，iPhone 的正式登陆，无形之中促使中国移动互联网用户的结构发生了改变。而当苹果公司与联通联合推广 iPhone 时，市面上还没有出现那些具有鲜明特色的移动应用，于是王江就将“搜吃搜玩”和“航班管家”作为 2009 年第四季度和 2010 年第一季度重点主推的应用之一推向了市场，旨在占领市场。

在王江看来，这不仅仅是一次免费的推广和品牌背书，更为重要的是，它让这两个移动应用最初的种子用户，直接跳过了行业里的产品经理和技术极客，积累了相当高比例的真正的中高端商旅用户，而这也正是王江最想看到的。

借着 iPhone 的这股东风，王江管理下的“航班管家”从 2009 年 7 月起步时的 7 万多用户(iOS+Java)到 2010 年推出 Android 和 Symbian 版本，用户总数一路飙升至近 100 万。于是，王江开始投入资金进行大量宣传，从而使得“航班管家”从一个单纯好用的产品摇身一变成了一个众所周知的知名品牌。随后，王江又用了近一年多的时间，继续推动“航班管家”在预装市场上的发展，最终使得“航班管家”用户数达到了近500万。

在王江看来，一个创业者想要获得成功，就必须要能抓住机会。据《2011中国商务人士旅行调查研究报告》的资料显示，全球的商旅市场达到1万亿美元规模，中国每年的平均增幅为11.8%，到2015年，中国的商旅市场或将超过美国成为全球最大的。同时，这份报告还将典型的商务人群表述为“更关注怎样快速达到目的地、把事情办完、好好休息一下”。

王江这群人正是“航班管家”最核心的目标群体。他认为中国的商务人群通常都有这样几个特点：当他们接受一项服务时，通常最在乎服务的质量如何；他们愿意为获得更加快速、便捷、舒适的服务，而付出更多的费用；他们本身的身份地位和消费能力，使得他们成为了国内最具消费前瞻性和传播能力的一群人。

考虑到这些特点，王江又有了一个新设想，这便是“酒店管家”。其实，早在“航班管家”刚刚出现时，关于酒店预订这一需求就已经出现在了用户反馈意见中，但因此而上线的一个内嵌于航班管家App之中、相对标准化的酒店预订功能，却并没有得到广大用户的认同。于是，王江便开始考虑为这种新应用的产品做一个清晰的定位。

在他看来，“酒店管家”和那些互联网上的各种酒店预订平台相比，应该更突出其基于地理位置定位“快速预订”的特色才行。于是，在酒店管家最初的产品草图中，用户并不需要输入城市、区域、入住时间、退房时间等等的信息，只需要一张清楚标识你当前所处位置的地图和用红绿图标显示的周围快捷酒店位置及空房情况即可。用户在选定某间快捷酒店之后，一键拨打电话即可完成订房，王江将其称为是“30秒订房神器”。于是，在2011年的2月，“酒店管家”正式上线了。

此外，王江还计划继续开发一款以聚会为核心、帮助用户管理消费和人际关系的“X管家”应用。他认为，任何衣食住行的消费实际上也都是对时间的消费，而正就是他的机会所在。

与王江一样，张黄瞩也是一个在移动互联网领域创业成功的人。2010年5月，张黄瞩创办了上海卓享信息有限技术公司。公司创立后，张黄瞩便率领团队开发了30多款游戏。其中一款名为《投篮》的Android平台游戏下载总量高达700多万，而另一些游戏，比如《切水果》、《打企鹅》等也都是广受用户喜爱的热门游戏，下载总量仅次于《愤怒的小鸟》开发商Rovio。目前，北美市场是张黄瞩的主打市场。

张黄瞩早年曾在IBM、HP以及一家硅谷创业公司工作过。在2010年5月时，当时正是Android和iOS竞争正酣之际。这让张黄瞩意识到智能手机将来定会有巨大的市场，于是，便和朋友凑了10万元的资金，创办了DroidHen。

自从公司创办之初，张黄瞩就把开发Android平台的游戏当成了所有工作的重点。而当时，正是Android市场份额大幅增长，跟苹果抢占市场之际。此时“免费+广告”是公司最主要的盈利方式。而Google的广告则是DroidHen的最重要的收入来源，占总收入的75%。为了进一步抢占市场，张黄瞩对自己的产品进行了“微创新”，这便成了DroidHen早期获得高下载的启动力量。其中，下载次数最多的游戏《切水果》，在玩法上模仿的是Halfbrick开发的《水果忍者》。后者于2010年4月首先在iOS平台推出后大受欢迎，9月在Android平台上推出。虽然张黄瞩的游戏是模仿来的，但这丝毫不妨碍它的受欢迎程度。直到现在，DroidHen《切水果》的下载量还高于《水果忍者》。

最早抓住时机者，更容易借势而起、水涨船高。对于创业者来说，时机非常重要，而和时机同等重要的是，则是敢于放手一搏的勇气。目前，Android、iOS、Windows三大生态系统的全球市场格局还在不断变化中，同时，关于移动互联网的未来是属于应用（App）还是跨平台的网络应用(Web App)的争论也已经开始。创业者在相当一段时间内还有许多机会点可以把握。

从王江和张黄瞩的创业故事中可以看出，对于很多创业者来说，虽然身处互联网“丛林”之中，但在国内移动互联网市场中还是可以找到机会。从一个暂时不被行业巨头看好的垂直领域入手，围绕智能手机的特性和客户需求做出创新，为用户提供好的产品和服务，仍然是创业者们生存和成功的最重要的武器。

除了游戏、手机工具等相对“红海”的领域，对于创业者来说，把智能手机与传统行业进行结合，在未来将具有极大的发展空间。过去十年，互联网电子商务的爆发，依托的是科技和传统零售业的结合，为消费者带去低价、便捷的同时，产生了淘宝、京东、凡客这样重量级的企业。而智能手机的便携性和即时性，令其具有更大的想象空间。

目前，在本地消费、生活服务领域，已经有一些创业公司初露头角，如“航班管家”已经有超过400万用户、“丁香园用药助手”半年内就拥有百万下载量。中国的传统零售业、服务业整体上还在发展中，带着新生血液的移动互联网创业者们，若能通过创新和技术来改善普通人的生活，看到巨人们还来不及或看不到的角落，商业价值就蕴藏其中，未来就在那里。

26 创业模式
被重新定义的时间和空间

所谓商业的时间和空间，是指从事商品或服务交换活动，并形成营利所需要的空间和周期。在这样一个时代，电子商务无疑已经成为最重要的商业形态之一，而它所存在的空间，已经不再是单纯的物理空间，而是在一个虚拟的世界当中。

当我们走在任何一个商业区域，甚至就坐在家中，不论我们使用的是手机、电脑或者其他互联网应用设备，都能随时随地接收到这个区域正在热销的商品是什么，无数的优惠打折信息铺天盖地，而这就是移动互联的魅力。

我们无时无刻不被信息所包裹，进行商业活动的时间和空间都在被重新定义。而一系列能够让创业者大施拳脚的机会，也正存在于这种被重新定义的过程之中。只要能抓住其中一个机会，就有成功的可能。

80 后总经理卢家辉就是这些人当中的一个。卢家辉毕业于中国地质大学计算机信息管理专业，2005年进入一家网络公司工作。三年之后，辞职创办了自己的网站——阿里伯乐网。阿里伯乐网一经开通，就引来了广大用户的热捧。目前，它有1万多名会员，以及近100多万的点击量。

那么，卢家辉是如何走上创业之路的呢？卢家辉对网络世界一直有着浓厚的兴趣，早在读大学时，就曾应聘到一家公司做网站。毕业后，他利用工作之余，创办了一个公益性网站——“河南网”。他的想法是把“河南网”做成一个河南省综合性门户网站，给网民一个展示河南方方面面的一个窗口。因为是公益性网站，所以没有任何赢利，所有资金都是卢家辉自掏腰包。由于经营越来越困难，卢家辉有了转行的想法，只是一直没发现机会。然而，机会最终还是来了。

很快，众多网络商机就如潮水一般涌进了人们的视线。而马云的阿里巴巴的诞生，让更多创业者意识到电子商务必将迎来巨大的发展高潮。随着阿里巴巴、慧聪等电子商务网站在北京、上海、杭州等大城市开花结果，卢家辉意识到自己的机会来了。

他认为，中国巨大的市场，光靠一两家公司无法将其完全垄断的，既然他们能成功，自己也可以试试。于是，在2005年，卢家辉便注册成立了河南网新信息技术有限公司，踏上了正式创业之旅。此时的他打算要做一个内容更细化的电子商务网站。

2007年12月，卢家辉和团队就摸索着开始架构自己的电子商务网站——阿里伯乐网。在做好一切准备之后，在次年的5月，阿里伯乐网正式开始运营了。他们以“河南网”为依托，把原“河南网”上的“企业频道”做细，并把之前在“河南网”注册的9000多名会员转移到阿里伯乐网旗下。这样河南网四年来积累的人气财富为阿里伯乐网奠定了坚实的基础。

虽然网站运转良好，但卢家辉深知网站要想做大，就必须不断发展新会员。为了吸引人气，卢家辉推出了一个优惠活动，即“免费注册阿里伯乐‘名信通’会员，送网站，送域名，送推广！”之所以推出这个活动，卢家辉有自己的判断。他认为，当时很多商家都在大力宣传自己的产品，虽然有的大企业会为此投入资金单独建一个网站，并定期更新上传新产品，但像这种非门户性网站是很少有人关注的；还有一些商家不愿建网站的原因是因为投入高、效果差。而和这些企业不同的是，阿里伯乐网却可以规避这个问题，有效整合信息资源，规避投资风险。用户在这样一个免费电子商务平台上，只要注册为阿里伯乐的会员，就可以拥有一个产品及公司形象宣传的平台了。

在卢家辉和他的团队的努力下，网站自从成立以来，日 IP 流量一直呈上升趋势，甚至突破了 3000IP；会员也增加了 2000 多个，总数已高达 11900 多个。于是，卢家辉趁热打铁，又在无锡、十堰、昆明、大连等地创办了分站。

每个免费注册的会员都可以通过阿里伯乐专业的网络优化、网站推广及企业网络店铺获得更多的商业机会。其中网络店铺的信息包括了公司简介、新闻中心、产品展示、行业动态、在线招聘和客户留言等模块，通过这些，商家形象与产品形象都可以很好地展示出来。与此同时，阿里伯乐也为有特别需求的企业提供 VIP 会员、金牌会员甚至最高的铂金会员，享受的服务将会更多更全面。

此外，由于网络优化是一项新技术，许多商家为了让自己的名字显示到搜索网页的前几位，而不得不选择类似百度里的竞价排名。这就不可避免地要花费很多资金，对于这些商家来说，这也是无奈之举。鉴于此，卢家辉便想到一个主意——对商家进行免费培训，告诉他们哪些内容写出来更容易被搜索到。在他看来，相对于商家自己单独一个门户网站而言，把内容集合在一个平台上，更能吸引别人前来访问。这对于阿里伯乐与商家来说，都可得利。为了满足不同商家的需求，卢家辉和他的团队特地开发了

20套模版供商家选择。

由于互联网时代的到来，传统的商业法则都被彻底改写了。原来的交易场所只能发生在各种实体店里，交易时间也相对较慢。而随着电子商务的出现，人们的生活也变得更方便快捷了。对于广大创业者来说，这中间蕴藏着很多机会。只要能像卢家辉这样，抓住机会，也许就能创造奇迹。

27 创业模式

互联网时代的速度冲突

在互联网时代，到处都充满着速度的悖论。人们能够通过互联网以极快的速度接收到各种信息，然而随着信息的增多，我们进行决策的速度却大大减缓了。对于善于发现机会的创业者来说，机会正在于此。就拿图书行业来说，现在很多图书销售网站为了给客户提供明确的阅读服务，纷纷推出了“推荐书目”、“热销榜”。这些举措的目的十分明确，就是要为广大消费者提供更加便捷快速的阅读服务。“天翼图书”公司就是这个行业里的佼佼者。他们的服务宗旨就是通过自己团队的甄选，为客户制作出最适合对方的“图书馆”。这是一个信息泛滥的时代，我们时时刻刻都被这些丰富到近乎泛滥的信息所包围着。想要在极短的时间内找到适合自己口味的阅读目标，准确与定制便成了所有人的需要。“天翼图书”的掌门人李月庆对此深有感触。

如今，图书销售行业被很多人看成是一个“无利可图的夕阳行业”，因此也就很少有创业者，把目光放在这个行业上。但李月庆却不这么认为。在他看来，机会处处都有，哪怕是一个从不被任何人看好的行业，也会有让人意想不到的机会。时下人们对阅读服务的需求已经发生了巨大的变化。之前，人们大多都是通过书籍阅读。而现在，随着互联网的普及，人们可以通过很多方式进行阅读，比如在网上阅读、用手机阅读等等。可是对于广大消费者来说，想要在浩如烟海的读物中，在极短的时间内，找到适合自己口味的读物，似乎并不那么容易。而李月庆就从这里发现了机会。在他看来，如果能为读者提供一个个性化的图书推荐和书单定制服务的话，也许就可以为广大读者节省更多的时间。于是，他便创办了“天翼图书”。

创立“天翼图书”，并不是李月庆的第一次创业。早年，李月庆曾是上海交通大学管理学院的一名老师。当时，他在教书之余，就和两个朋友一起创立了中欧国际工商学院。学院创办之初，发展得很好。特别是在最初十年，由于正好赶上中国人对知识和智慧的渴求呈现爆炸式增长的时期，所以商学院一路高歌猛进。但慢慢地，李月庆发现，教育培训并不能最大限度地满足市场需求：优质师资的稀缺、培养学员的规模限制加上高昂的 MBA、EMBA 学费，都将大批民营企业的管理者和职业经理人拒之商学院门外。

于是，在 2003 年，李月庆便离开中欧，开始了他的第二次创业。这次创业，李月庆便对准了图书销售行业，这对他来说是一个全新的行业。

与很多人不同的是，李月庆从一开始就没打算全线出击，他只想把服务目标对准某一类客户。于是，他为天翼图书构建了一套商业模式，其核心就在于，瞄准对价格极不敏感的企业客户，为它们的高管层和职业经理人挑选和提供个性化的书单及图书。付费方式则采取预付费，同时在书价的基础上加收 10%的服务费。也就是说，一家企业在注册成为天翼图书会员后，将得到一个账号，只要预存一定金额到账户上，则企业内的高管和职业经理人就能凭账号和密码随意选择网络下单、电话订购或是实体购买三种消费方式在天翼图书买书。而天翼图书则会定期以邮件或短信的方式，向他们发送月度或季度精选的推荐书单。

起初，李月庆的想法受到了很多人的质疑。他们认为每个人的阅读口味都不相同，想为每一个提供适合他们的阅读目标，简直难于登天。不能否认这些人的质疑有其合理性，但在李月庆看来，这似乎并没有多少难度。李月庆给自己定的目标就是为客户提供符合他们口味的图书，并得到客户的肯定。又因为他曾在中欧担任培训部主任，经常要进行课程设计，所以对于如今的选书，他也是胸有成竹。

从公司创建之初，李月庆就十分强调公司的服务质量。为了能够及时了解客户的需要，他要求天翼图书的客户经理每个月必须拜访 20 家新老客户，了解它们的最新动向，其中包括人事变动、计划开展的组织活动等，并及时将这些信息整理成客户报告，提交给策划部门来制作个性化书单。

为了避免有时因为客户经理临时出差或休假而导致客户与天翼图书失去联系，李月庆还增设了“客户服务代表”这一环节，作为客户经理的“替补”以及负责一系列后续工作的跟进。

经过一年多的试水，2004 年，天翼图书开始走下网络，在各大高校中相继设立了连锁书店。在这些实体店里，会员只要选好书籍，便可要求天翼图书送到指定的公司或工厂地址，给自己或下属阅读，抑或作为送人礼品。

为了让顾客深刻地感知 10%的溢价的“物超所值”。李月庆先后组织了一系列的管理论坛、音乐欣赏会等，邀请会员免费参加。另外，也同时预留出 1/3 的座位给潜在会员。

公司正式步入正轨之后，便在李月庆的带领下，实现了跨越式的突破：仅手机用户就突破 3000 万，而在天翼图书阅读正式运营一周年时，这一数字是 2000 万；从 2011 年初的 200 万用户算起，一年内增长了 10 余倍。这使得天翼图书阅读一跃而成为了国内发展最快的数字阅读平台。

与以往的手机阅读业务不同，天翼阅读更专注于传统与正版图书领域，而这一速度的别样意义就在于，借助移动运营商搭建的绿色通道，传统、优质、正版内容的产业价值得以释放。

目前，天翼图书阅读平台拥有图书、杂志、漫画、有声读物等五大类共 40 余个小类的 10 余万册内容的图书，以按章、按本、包月等灵活的计费方式向用户提供数字阅读服务。

李月庆深知数字阅读市场的培育是一个长期的过程，慢工方能出细活。为了进一步提高天翼图书阅读的服务质量，他进行了诸多尝试和探索。

作为数字时代衍生的新的文化形态，数字出版可以帮助读者及时、便捷地获取个性化的信息资源，不过，数字出版不仅仅是对传统出版的模仿、扫描，更重要的是要将内容进行深度加工、精细分类，使之更适应数字阅读用户的使用特点。

李月庆一直有一个梦想，那就是要打造一个多终端、多屏幕的数字阅读系统。天翼阅读在刚上线时，只有 WAP 门户、手机客户端和 WEB 门户 3 种产品形态。而现在，天翼阅读已经尝试推出了有声阅读等产品，在开发多元化的终端形态上实现了新的突破，现在天翼阅读用户可通过手机、个人电脑、平板电脑、电子阅读器、交互式网络电视（IPTV）、固定电话等载体，在固定电话网、互联网及移动互联网上实现“无缝”的多终端、多屏幕阅读。

作为首家与新闻出版总署签署战略合作协议的移动运营商，与传统出版合作，引入正版、优质的图书内容一直是天翼阅读坚持的方向。

“在数字出版的进程中，版权问题是最大的制约因素。版权保护和数字出版产业发展相辅相成，离开了版权保护，数字出版产业就无法健康发展。因此，天翼阅读一直在坚持正版阅读，严格执行版权与内容审核制度。”总经理肖伟还向记者表示，为打造良性的合作关系，天翼阅读建立了5种互利共赢的利益分配模式。

这5种合作模式包括普通内容分成模式，即内容销售后，双方按规定的比例进行分成；新书首发保底分成模式，主要包括全新首发、同步首发、数字首发；优质资源保底分成模式，即将有影响力的优质书分为4档分别对应保底金额；特优资源保底分成模式，对顶尖阅读品质的一流作品采取特别分成；特殊买断资源模式，主要包括往期优质内容、公版书、特殊内容。

随着与出版方、作家合作的日渐深入，天翼阅读平台的内容也将越来越丰富。目前，天翼阅读已经与出版集团、民营书业公司、原创文学网站等近200家内容提供商建立起合作伙伴关系，形成了小说、原创、漫画和杂志等几大系列，内容囊括财经、管理、人文、生活、励志多个领域。

28 创业模式 知识的跨界与重组

我们对于iPhone的溢美之词已经太多。这样一件工业产品，却是对工业法则的颠覆。这件产品的成功，不仅仅在于它集成了最好的技术。更重要的是，它的身上复合了美学、哲学，甚至神学，以及产品设计者的人格魅力。

比如，一个装载的是“伤心空气”的空瓶子，也可以当做礼品进行销售。从前我们总说，只有偏执狂才能生存，现在看来则应该是，只有想象力才能生存。当情感、知识与信息成为比物质更加重要的产品要素之时，跨界与重组的元素会呈现出爆发式的增长。

如今，智能手机已经成了广大消费者常用的电子产品之一。这些智能手机里的程序可以给你带来很多帮助，例如你可以通过它买电影票，但是也许很快，你就会把这个程序的名字忘记。现在的应用程序多如牛毛，如何能在最快的时间里找到你想用的那一款呢？这是个有关搜索的命题，在这个方面，就算是 Google 也未必能为你提供有效的解决方案。

如果你想用手机搜索做牛排的餐厅，或是了解牛排的做法，Everything.me 会在最短的时间里，为你提供准备的答案。

Everything.me 是以色列的一家公司，他的创始人是艾米·本·大卫和拉米·卡斯特斯。这家公司所推出的移动搜索引擎，用一种简单聪明的方式颠覆了用户以往的搜索体验。当你搜索“Titanic”时，他们会迅速帮你找到预订电影票的应用程序——不过不是你手机里已有的应用程序，而是基于网络可以直接在网页上打开的类似程序。打造未来的可视化移动搜索入口，成为移动互联网领域的谷歌是这家公司未来奋斗的目标。

有人把 Everything.me 称为是移动网络的 GPS。Everything.me 的高明之处就在于，它在搜索前会先思考你想做什么，并在友好的界面上给你尽可能多的结果。

如果用户用手机浏览器访问 Everything.me，在首页的搜索框里输入某个球星的名字，返回的结果是几十个与之关联的应用，点击进去就能访问各种界面。从搜索结果可以看出程序对这次搜索目的的揣测：你也许是他的粉丝，想上官网看看；你或许想了解关于他的新闻，可以看雅虎新闻；你如果想看他的视频，可以去 YouTube。它的每一页都会列出 16 个结果，点击每一个都能完成你想做的事情。它并没帮你做具体的事，只是把你带给了专家。若是你想了解他的生平，Wikipedia（维基百科）是最好的去处，它绝不会在首页列出一个转载他生平的百度空间入口。

在 Everything.me 呈现搜索结果时，手机的背景图片会变成一张搜索结果的照片。在你搜索“Cat Sick(猫生病)”时，背景会变成一只猫做手术的场景。不过，在解析猫生病这个问题上，它只给出了一系列问答网站的结果，还有一系列网络零售网站，如宠物用品零售商 Petco、Amazon（亚马逊）、Ebay

(易趣) 等。显然，它对“生病”理解得还不够透彻，否则结果中应该有离你最近的宠物医院。

人们使用手机或电脑搜索时，需求差别很大。当你用手机搜索“Steak (牛排)”时，极有可能正站在大街上要找家餐馆吃饭。在 Everything.me 上返回的结果，第一个是 Yelp(“美国版”大众点评)，第二个是“餐桌预订”服务，紧接着是 Foursquare（一家基于用户地理位置信息的手机服务网站）上的朋友签到推荐。你也能找到关于牛排的维基百科，不过在第二页。而 Google 移动版的搜索结果，排名第一、第二条的是牛排做法大全，第三条是牛排的百度百科。可是有多少人会在大街上闲逛时，会突然想知道牛排怎么做或是牛排的营养价值呢?

在搜索框右侧排列着一系列垂直搜索入口，这些入口包括社交、天气、食物、电影、购物、新闻、游戏等等。如果你想知道关于牛排的新闻，只需再点击“新闻”，或是在搜索框里输入“steak@news”，你就会看到一排 CNN 和 ABC 新闻的结果入口。

Everything.me 来源于一个名为 doAT 的应用程序。Everything.me 是这款移动应用的网页进化版，它不仅操作简单，而且界面相比其他程序更为友好。

创始人兼 CEO 拉米·卡斯特斯坦曾在以色列著名安全软件公司 Aladdin 里工作过，在那里他结识了公司的另一位创始人艾米·本·大卫。起初，他们并没有创办网站的想法。没过多久，拉米离开了公司，转入了风险投资业，并且在 2006 年创办了一个音乐软件公司，该公司出售类似电脑吉他等产品。而本在离开公司后，则去了一家名为 Oberon Media 的公司任国际运营官。

2009 年，拉米受公司委派，给一家创业公司做产品商业策略咨询，此时，他意识到了移动互联网领域将是一个潜力巨大的领域。于是，一年后，他找来本和另一位创始人西蒙，成立了 doAT 公司，当时正是智能手机用户数呈几何数增长的年代。不久，他们便将名字改为了“Everything.me”，意为“你能搜到所有你想要的”。如今，公司总部设立在以色列和美国。

2011 年，在 TechCrunch 大会上，他们推出了 doAT 的 app 应用。那是一个移动搜索应用，可以用 @ 符号来缩小搜索范围。结果获得了不错的反响。可在本看来，这个程序有些过于复杂，不适合广大用户使用。

于是，doAT 的团队便开始了对 Everything.me 项目的研发。此时，本一直在考虑一个问题，那就是如何为 iPhone 重新发明搜索？如何让搜索变得美妙而令人振奋？

几个月后，本在奥斯汀举行的“西南偏南”互动大会上展示了 Everything.me，并引起了轰动。这个会议是创业公司的舞台，像 twitter、foursquare 等公司都曾在此首次广受关注。

仅仅是改变谷歌对于搜索结果的垄断已经是了不起的成功。目前，Everything.me 仅有 10 台服务器，谷歌却有 90 万台。接下来，他们将会开发基于 iOS、Android 和 Windows Phone 平台的本地应用。在他们看来，赚钱并不是最主要的，他们认为 Everything.me 作为一款搜索产品，盈利模式十分成熟，获得广告商的青睐，根本不成问题。

然而，他们也十分清楚，想在移动搜索的领域里，维持领先的地位并不是一件容易的事。但他们认为想要成为移动互联网领域的谷歌，就必须勇往直前，不断努力。

机会只属于那些敢于打破传统的人。蔡汉成就是这样一个人。从搜集玩具到开玩具店，再到推出玩具品牌，蔡汉成将玩具的实用与艺术相结合，进而改变了设计界的传统概念，将过去单纯让人把玩的玩具变成了一种艺术文明，让 Toy2R 拥有源源不绝的生命力。

蔡汉成喜欢阅读各类书籍，他无意间从美国漫画杂志上看到了会变色的玩偶。然而，了解变色的玩偶却不能靠“看”。蔡汉成跑遍了香港玩偶店，终于买回了第一个变色玩偶。从此，蔡汉成开始搜集各类玩偶。他的行为，实在可以用“着迷”来形容！

不过，蔡汉成显然知道自己在做什么。“我在搜集玩具的过程中，思索某一类玩具品牌成功和失败的原因。每个玩具都有故事，有历史。有的玩具甚至包含动画、动漫，还有二手市场价值。在国外，二手玩具市场发展得很好。目前中国还没有这样的市场。”蔡汉成说。

不过，最让蔡汉成满意的是，他把自己的兴趣与事业融合在了一起。

从20世纪50年代开始，玩具始终跟随着人们生活的脚步。蔡汉成发现，一直以来，围绕英雄人物的日本铁皮玩具，以及根据动漫形象和好莱坞电影诞生的美国玩具，这两种模式主导了世界玩具市场的发展方向。

如果你走进美国大型玩具连锁店玩具“反”斗城（Toys "Я" Us），你会发现，绝大多数玩具的原形都是卡通电影中的形象。无论中国香港、日本、美国都是如此。“这部分市场受众人群的年龄在15—20岁之间。”蔡汉成说，“而低于15岁少年儿童玩的玩具，一般都是教育玩具，统统属于传统玩具。而满足20岁以上人群的玩具除了电子玩具、手机游戏，其他式样的玩具少之又少。”

“1999年，我越发觉得，日本和美国的公仔（广义指各种材质的动物或者人物玩偶。是香港、澳门、广东等粤语地区对玩偶的一种叫法）缺乏新意，这两个国家的玩具市场处于发展的低迷期。所以，我看到了机会。”蔡汉成说。

“我跳出传统玩具的框框，开始做设计师玩具。我发现，这是一片蓝海。我的玩具针对的是年龄在20岁以上的人，这群人其实很难喜欢玩具，但是他们一旦喜欢就会是玩具长期的爱好者。玩具从来都不是必需品，但是我要通过设计赋予它生活价值，让它成为一个很好的媒介载体，让它放送广告信息。”蔡汉成说。

虽然，蔡汉成的梦想很大，但是他还是喜欢按部就班，一步一个脚印地走。

蔡汉成设计的第一个公仔是个8寸大的骷髅头，它有着一张中国人的面孔。“这个骷髅公仔采用了全新的彩色夜光物料。可以说，我是全世界第一个把彩色夜光材料应用到玩具上的人。”蔡汉成自豪地说，“后来，我们又推出了黑色夜光的公仔。你可能很难想象，黑色怎么能有夜光呢？这就是创意设计带来的效果。”

当蔡汉成知道，公仔可以成为改变业界的方法，他就全力以赴把这个概念放大，用足力量来推动它。对蔡汉成而言，这是不是一场冒险呢？他的回答是：“这并不是一场很大的冒险。”后来由骷髅头演变而成的Qee无疑是令人激动的，强有力地诱惑着商界里那些注重客户体验的品牌主。

要说Qee的确有些不一样。它有一双两边不对称的耳朵，没有五官，驼着背。但是这个可爱的有点奇怪的卡通熊仔一问世就吸引了很多人的眼球。“之所以取‘Key’的谐音，是因为所有Qee产品的包装中都附有一个专利设计的钥匙圈，它可以装卸在玩具的颈部，把一个单一的艺术玩具改变成生活用品。”

蔡汉成为艺术玩具寻找商业化出口，这是他一直努力的方向，他做到了。

快人快语、直来直去的蔡汉成，丝毫不像一个玩具设计界的奇人。但是他确立了以玩具产品为平台，用玩具做品牌代言人，并提出了玩具DIY概念。这些奇思异想后来都被业界效仿。

“Toy2R已经走到了DIY Qee阶段，所谓DIY就是全白公仔的概念，它一共有19款、60种组合，用‘艺术美术’来突破设计师玩具与艺术玩具绘画和产品设计之间的界限，为产品找到可持续发展的平台。每个Qee玩具都是从简约到极致，它留出大量的空间给玩具玩家，让他们为玩具着色、勾勒五官、增加配饰等等。Qee 已经超越了玩具本身，成为具有艺术价值与增值空间的玩具收藏品。我卖的不是玩具，我卖的是品位，是玩具奢侈品。”蔡汉成几番重复 Qee 的产品定位。

其实，DIY Qee 概念的背后，还有蔡汉成一直以来秉承的“人人都可以设计”的理念的支撑。蔡汉成不仅让儿童参与玩具设计，还与大学合作举办创意大赛。通过这样一个平台，蔡汉成吸纳了设计界的很多人才，如今，他们已经成为 Toy2R 产业链里与之配套的设计师。

“我们做过中国内地和香港、美国等设计师系列公仔。这是我们有目标做的设计，把这些设计推向市场。”蔡汉成说。

从 Toy2R 创立到现在，外界对它的关注越来越多了。从阿迪达斯到宝马，从诺基亚到星巴克，从索尼到力士保，都可以找到 Toy2R 公仔的身影。

“没有哪个玩具品牌可以像 Toy2R 一样，与如此多的国际品牌合作。因为我们的创意平台可以作为一个媒介载体。这些国际品牌已经开发出了很好的产品，我们的创意设计只是把这些产品更加生活化。对于消费者来说，他们购买的不仅仅是一个公仔，而且是品牌主与消费者之间的一座桥梁，承载着品牌的信息以及一种与之互动的姿态。用玩具作为品牌代言人，它将永远不会老去。”蔡汉成说。

如今，Toy2R 已经走进了 39 个国家，拥有 189 家店。除了 DIY Qee、投资开发自己的设计产品、服务其他品牌，还授权生产包袋、衣服、鞋子等产品。但是，这一切并没有全部囊括蔡汉成未来的蓝图。或许，时刻准备好等待机会到来，才是蔡汉成眼中最有意思的挑战。

29 创业模式
用 2000 块钱来开咖啡馆

绝大多数人在谈到创业时，通常第一个想到的问题就是资金从哪里来。的确，对于普通人来说，资金问题从来都是一个最难解决的问题。由于资金难以解决，很多当初怀抱创业梦想的人，都不得不最终放弃了创业的想法。但有一些人不甘于就这样让梦想胎死腹中，在他们眼里，做生意最重要的不是需要多少钱，而是需要多少人。如果把一些有着同样创业梦想的人聚集起来，共同出资、共同经营一项生意，也许就能让每一个人实现心中的创业梦想。

“很多人的咖啡馆”就是由这样的一群人创办起来的。这个咖啡馆的诞生，其实是源于一个网名叫蚊二妞的人一个奇思妙想。

蚊二妞是一名公务员，但工作之余，她最想做的事就是开一家咖啡馆。可是考虑到自己的工作时间以及资金、人员等问题，蚊二妞觉得自己独自开店困难很大。突然，一个想法从她脑海里蹦了出来，何不找些跟自己有同样想法的人一起开店呢？于是，她就在豆瓣网“吃喝玩乐在北京”小组上发了一个题为《我们用2000块钱来开咖啡馆吧》的帖子。在帖子中，蚊二妞写道：每天背靠阳光面朝电脑坐在办公室的时候，我总是想面对阳光端上一杯咖啡……进而，我又很奢侈地想：我要开咖啡馆……所有和我一样想开咖啡馆的朋友，拿不出几十万上百万，也不可能辞掉工作专门开店，自己也承担不了那么大的风险。大家一起来做一个咖啡馆，用我们一点点的钱一点点的时间，凑成很多的钱，很多的时间。名字就叫响亮的“很多人的咖啡馆”。

发帖时，蚊二妞也只是抱着试一试的心态，没想到，贴子一发，竟然吸引了很多同样有着咖啡馆梦想的网友前来讨论。帖子发出当天，就有近20人在小组讨论选址的问题；两天过后，“很多人的咖啡馆”在豆瓣的小组猛增了200名成员；又过了大约一周，就有20多名网友表示交钱入股或有入股意向。于是，“很多人的咖啡馆”陆续成立了注册小组、选址小组、宣传小组、活动策划组。随后，筹备小组开始了正式的筹资活动。与此同时，工艺设备组、法律财务组、装修选购小组、运营市场组等也随之成立了。经过几次网下的沟通交流之后，这些有梦想的网友们彼此之间渐渐建立了信任感，几经周折，80名来自各个地方、各种职业的网友最终达成了一致，他们共集资41万元，租了一家190余平方米的店址，“很多人的咖啡馆”正式开业了。

在蚊二妞看来，“很多人的咖啡馆”要坚决摒弃集权制，她不想像传统公司那样，出现一个大股东，在决策上占有压倒性优势。鉴于此，她规定股东的入股金最高上限不能超过2万元。出资2000元的股东，在股东大会上拥有1票表决权；而出资2万元的股东，除了在股东大会上拥有10票表决权外，并不能因为出资多就可进入董事会。每一个董事都必须要得到“选民”的认可。

咖啡馆里没有可以一锤定音的核心领导者，重大决策由股东投票敲定；

董事会扮演的是监事及日常事务决策者的角色。民主是咖啡馆的最高原则，盈利是咖啡馆的生存基础。咖啡馆从筹备到运营，注册股东名单、融资情况、工作进度等均事无巨细地在网上予以公示。股东人数上50名时，蚊二妞在文案里有过这样的阐释："很多人的咖啡馆"，是很多人的而不是很少人的或几个人的，否则就失去了意义。咖啡馆与股东约定的退出机制是，入股后不得撤资，只能转让股份。起初，蚊二妞并不能保证咖啡馆一定能盈利。所以，她在股东报名注册的帖子里，除了列出了出资意愿、出资额度等需填写的项目外，还特别加了一条，"是否做好了亏本的心理准备"。不少入股者对此表示可以接受，认为投资不大，不会感到有多大的压力，"可以全亏"、"当是另一种'风投'"、"亏本事小，开心就好"。在这些平均年龄为25岁的股东里，有人认为，之所以参与进来是觉得实现梦想很酷，喜欢其具有创意的运营模式。

咖啡馆在招募了首批50位股东集资20多万元后，负责人蚊二妞召开了股东大会，这次会议选出了一个5人组成的董事会。通过自主报名、站台演讲，所有股东按照每出资2000元1票的权利，最终选出5名董事，蚊二妞以第一名得票当选为董事长。

由于股份有限公司必须有最低500万元注册资本，所以"很多人的咖啡馆"最终选择注册为有限责任公司。但由于有限责任公司股东不可超过50人，所以在营业执照上，负责运营咖啡馆的"北京很多人文化有限公司"只有22名出资人，更多的股东是通过"代为持有"的形式成为"虚拟股东"。

蚊二妞同时也是CEO。为了让"很多人的咖啡馆"真的成为很多人参与的咖啡馆，蚊二妞组织了很多工作小组，让不同的股东负责不同的工作，比如咖啡工艺、装修、微博、论坛管理等。

虽然这个咖啡馆受到了很多行家的质疑，但蚊二妞和其他股东们还是很有信心。打造一个“良好的制度设计+对民主议事的尊重+彼此信任对人宽容”的咖啡馆是他们始终不变的共同理想。

“很多人的咖啡馆”自创办之初，就吸引了很多人的目光，同时也吸引了一些模仿者。在这些众多模仿者中有一个网名叫五岳散人的人是最先迈出了这一步。

2011年9月12日中午12：15分，五岳散人在微博上发了一条微博：“找100个股东，每人出资5000元，在北京开一个饭馆，供应完全无污染、有机食材做的饭菜”。结果在短时间内，竟然有1276人表示要参股。

五岳散人原名叫姚博，他是一个知名的网评人，因为平日好吃，遍尝美食，所以，他一直梦想开一家饭馆。但由于工作原因，这个梦想总是被一次次搁浅。

此前，五岳散人曾在泸沽湖买了一片地，开了一家农场。由于那里环境好，没有污染，所以吸引了很多顾客前去光顾。

随着农场的生意越来越好，五岳散人再一次萌发了开饭馆的念头。但此时的他对于以何种方式来实现自己的梦想，还没有一个清晰的想法。直到他看到了“很多人的咖啡馆”的微博，从那里得到了启发。“很多人的咖啡馆”让他意识到，多股东不但可以解决资金问题，同时还可以快速地笼络到第一批用户。这让他感到这个模式与他想要达成的目标十分匹配。通过广泛募股，既能筹集到开饭馆的资金，还能将首期股东变成其基本的核心消费群，然后通过这些人的社交关系形成一个真实的线下社区平台。此外，这些慕名而至的股东们或出于自身利益的考量，或是真心热爱美食，这个社区的成员都会为“我们的饭馆”进行自发的口碑营销，而这便在无形中为饭馆做了宣传。

TED掌舵人克里斯·安德森曾提出一个名叫“群众加速的创新”的理论，该理论认为互联网提供了一群有相同兴趣、相同爱好的人，而随着这个人群的基数越大，潜在的创新者可能越多；其次互联网创造了学习的环境，以极低成本和清晰的方式将那些最棒的人和故事传递给他人；最后就是强烈的创新欲望使得人们互相影响并集结在一起。

就这样，“我们的饭馆”项目在五岳散人的脑海中正式成型了。追求食品安全是报名参股的股东们的共同兴趣。这些人对于五岳散人所提出的计划十分赞同，于是便迅速集结，形成一个互帮互助的组织。在五岳散人看来，有了这些人的帮助，他就可以省掉很多事。于是，他便在微博上抛出了“我们的饭馆”商业计划书静候参股请求的到来。

那么，如何搭建一个有1200多个股东的企业架构呢？五岳散人决定把每200个股东成立一个小公司，由这几个小公司再投资一家大的餐饮管理公司，小公司以公司法人的身份持有餐饮公司的股份。另外，还会再有3个自然人进入餐饮管理公司。如此一来，既解决了股东过多的问题，又便于公司进行集中管理。

对于公司的未来，五岳散人甚至想到了上市。倘若公司一上市，公司的原始股东将会获得几倍、甚至更高的溢价。对此，五岳散人解释道：“首先我的农产品配送公司的产品有了销售出口，每个饭馆都是一个平台；其次，对我来说，更大的商业利益在于未来的融资或上市计划的实现。”

而为了保证拥有对“我们的饭馆”的绝对掌控，股东们要自愿放弃投票权、经营权，公司运营完全交由五岳散人和管理团队执行。为了保证财务数据的透明，五岳散人规定，公司会以内部论坛和邮件通知的形式按时向利益相关人通报经营状况和相关数据。

“我们的饭馆”募集股东的成功，还让五岳散人意识到了网络ID的现实号召力，当他在微博上发出招聘信息后，便有很多网友慕名而来。

五岳散人对所有工作人员有严格的要求，他们要负责给每位报名股东打回访电话，核实对方的基本信息、确认参股数量、告知汇款细节并叮嘱其查看确认邮件。在这些工作人员的手里，每人都有几张密密麻麻打印着潜在股东联系电话的通讯录，因为没有专门的座机电话，大家都在用自己的手机和这些不曾谋面的股东们联系。

起初，五岳散人对于“我们的饭馆”的设想仅是开一家馆子，但随着全国各地报名人数的不断增加，五岳散人便有了扩大规模的打算。于是他决定将北京店作为商业计划的开始，逐步向全国拓展。而像上海、广州、重庆和成都等城市便成了他的首选之地。

目前，五岳散人的饭馆梦已经拓展到了快餐领域。“我们的快餐”作为独立于“我们的饭馆”之外的项目已经与达人食堂基本达成了合作协议，今后将会作为达人食堂的固定商户出现在各大商场。追求食品安全的五岳散人选取了具有出口港澳资质的菜蔬公司和其他有机农户作为“我们的快餐”供货商。

当人比钱更重要，知识比资本更重要，商业的成功，也许将不再是一个人的成功，而是“很多人”的成功。

30 创业模式
另辟蹊径的创业机会

创业者对于商业模式的狂热追捧已经越来越走向一个误区。有一个全新的商业想法固然十分重要，但更重要的是，如何让自己的客户、供应商、员工都接受这个新想法，并且还能将想法扩展成为一个高效率的运作模式，让整个企业从业务系统到价值观文化都高度适配，保证这个想法在对手大量模仿的情况下，依然有一道强大的"护城河"。完成了这些才算是一次商业模式的成功。

从第一部手机诞生至今，手机行业经历了30年的高速发展。现在，手机已经成为人们日常生活中必不可少的东西。有调查显示，2011年末，全球手机用户已经达到59亿，普及率高达85%。仅在我国，手机用户就超过10亿。如此庞大的市场空间，也催生出了像苹果、诺基亚、摩托罗拉、三星等众多世界级的手机制造商。

反观国内手机品牌，虽然坐拥本土市场的优势，但技术创新的缺乏以及品牌意识的淡薄，始终制约着国产手机的发展，国内手机产业也一直没有能与国际品牌抗衡的知名品牌诞生。

正是这个飞速发展却又充满竞争的市场环境，有人却另辟蹊径，找到了适合自己的创业空间，而且还越做越大。在国内手机行业里，此类创业人群屡见不鲜。

杜军红是龙旗的创始人，作为一个土生土长的浙江人，他的骨子里一直有着浙江人不安于现状的基因。1999年，杜军红大学毕业后，便进入了中兴通讯公司工作。由于能力突出，不到三年时间，他就从工程师升到了产品总经理。在中兴通讯工作的三年时间里，杜军红充分地意识到手机市场未来巨大的发展潜力和机遇，也是从那时起他萌生了自己创业的打算。

2002年，杜军红在对手机行业未来的发展进行了深入地分析之后，正式递交了辞呈，随后在上海创办了龙旗手机设计公司。

2003年，中国的手机行业发展极其迅猛，国产手机市场占有率逐年在攀升。但遗憾的是，当时很多国产手机技术都是从国外引进的，国产手机虽然在品牌和市场营销方面较强，不过技术创新和研发方面一直处于劣势。在杜军红看来，国内的手机设计一定会成为一个新兴产业。由于国内外手机厂商出于时间效率的考虑，都开始选择将手机设计外包，这就给适时的进入者提供了一个巨大的市场。当时，国外手机品牌已经开始了这种模式，例如，摩托罗拉等手机设计、研发实力最强的公司都将自己的手机设计业务部分外包出去。于是，杜军红给自己公司的定位便是为手机制造厂家提供设计和技术服务，根据消费者的需求，结合不同厂商的品牌定位，提供不同的技术解决方案。

杜军红认为公司要想做大做强，就必须要有自己的核心服务。鉴于此，杜军红觉得只要在手机设计产业链中占据两个环节，再在此基础上做大做强就会行程自己的核心服务，而这两个环节一个是设计，一个是主板制造。杜军红认为，在手机设计行业，中国国内的公司即便与一度领先的韩国等国外公司相比也存在着很大的优势。第一，中国本土公司在为中国本地客户服务，能以很快速度更及时回应市场的需求；第二，因为语言和文化的关系，国内的公司与中国厂商和消费者沟通方便；第三，国内贸易比国际贸易成本更低，交易更便利；第四，国内的公司能更好地保障售后服务。为此，杜军红在公司成立之初，就设定了一套完整的战略。在这些战略的指导下，他的龙旗迅速在业界崛起。

2003 财年到 2004 财年，龙旗的移动电话设计方案从 1 个增加到 3 个，手机设计型号累计增加到 18 个。此外，销量也从 2003 财年的 20.2 万套增加到 2004 财年的 140 万套。2004 财年，龙旗控股的销售收入达到 4.22 亿元人民币，同比增长了 500%。从 2003 财年到 2004 财年，龙旗控股的税前利润从 0.27 亿元增长到 1.05 亿元。

从手机设计、加工开始逐渐发展壮大，龙旗控股渐渐成为了众多国内手机厂商最重要的硬件供应商之一，业务范围也扩展至手机整机业务、移动模块、手机增值业务。

龙旗控股能有如此迅猛的发展速度，自然和杜军红敏锐的眼光不无关系。杜军红认为这个市场是多样的，不同消费者对产品的需求不一样，有的会关注产品本身技术的指标，有的会更关注这个产品本身文化的一些代表性的东西，或者是某一个产品容易产生情感上的共鸣，也有一些消费者把这个手机产品只是作为一个最基本通话用的工具，这一部分消费群体会更加关注这个产品的价格。因此，对每一个企业来说最重要的是要做好自己的客户群体的需求分析，再有的放矢地为他们提供产品和服务。

随着龙旗渐渐发展壮大，如何保证公司能够健康地、长远地发展下去便成了杜军红经常考虑的问题。为此，他花了两年时间做了一个规划，第一步就是对这个行业的未来发展做了一个分析。为此龙旗分析了大量的信息，还请了专业团队来做顾问。

龙旗早期的业务是一个纯设计的业务，杜军红明白这个业务的发展到一定阶段一定会遇到瓶颈。于是，2005 年他便把纯设计扩展到了设计加制造上，打算往 ODM（Original Design Manufacturer.原始设计制造商）的方向走。

此刻，摆在杜军红面前的还有另一个问题就是要不要做自己的品牌。经过仔细的分析，杜军红认为龙旗更适合于往专业化的方向发展。于是在整个企业的发展过程中，杜军红一直都在强调公司业务的专业化。

然而，在杜军红看来，这种专业化并不仅仅局限于手机这一个产品，未来的龙旗会随着手机行业以及与这个行业相关的信息产业发展，去适时调整自己的发展路线，在明确的行业范围里，结合自身企业的特点，在既定的范围内，有序地扩张。

作为一家全球领先的无线通讯技术产品设计和服务的提供商，经过几年的发展，公司已经在业内获得了高度认可。随着公司规模的不断扩大，杜军红也开始将触角从国内伸向了海外。他先后在中国香港、新加坡、日本、印度、越南等地都设立了龙旗的分支机构。

31 创业模式
自主营销“哎呀呀”

李开复曾经说过：“我们已经充分地了解到，绝大多数的成功创业都是创业者自我驱动：他的点子、他的方向、他去寻找拍档、他有热情做好这个事。找这个人很困难，但找到了，我们的日子就非常好过。他是我们可以信任和委托的人，要多少钱，需要我们做什么事你开出来。我们只做投资人和教练，完全让他做老板。”

找人比找项目更困难。在什么年龄创业、选择怎样的项目这些都不是最重要的，重要的是在创业之前自己是否已经积累了足够多的生存技能和生存意志。因此，选择一个更容易赚钱的项目比选择一个烧钱的项目更诱人。纵观国内的许多创业项目，尽管快餐式的“拿来主义”一再为大多数人诟病，却一再受到投资人的青睐。

一直以来，有不少人都把这种行为统称为“山寨”，实际上这个词在人们眼里贬义的意味更重。凡是提到某某“山寨”产品，人们就会本能地认为这是在模仿他人的东西，进而认为这样的公司一定是缺乏竞争力和创新能力的公司。可是事实真是如此吗？当然不是，“哎呀呀”创始人叶国富就用他的创业事例给了所有人一个明确的答案：“拿来主义”不是被动的模仿，它也是一种创业的途径，也可以获得成功。

那么对叶国富的“拿来主义”究竟应该如何定义呢？确切地说，就是模仿加创新。要知道现在众所周知的QQ也是这样的一个产物，它所模仿的原型是QICQ，但这一模仿并不妨碍它成为全球最大的即时通讯软件。由此看来，只要一个公司能在模仿别人的基础上进行创新，那么它就有可能获得成功。

与QQ一样，叶国富的“哎呀呀”也是一个国内的一个模仿加创新的成功典范。叶国富借鉴了屈臣氏的营销模式，在此基础上剔除了药品，增加了更受年轻女性喜欢的饰品。正因为有了创新，“哎呀呀”的发展速度才大大超过了屈臣氏。任何人都难以想象，当初一个小小的10元店竟然能在短短的三年内创造出年收入3.5亿的业绩，然而这却是一个不争的事实。

在中国女性饰品行业，女性饰品人均占有率不足5%，远远低于东京的68.2%、新加坡的48%、香港的54%、韩国的68%水平。在叶国富看来，在中国经济持续高速增长的背景下，女性饰品市场的成长空间十分广阔。更重要的是，在这个领域里，当时还尚未出现一个极具影响力的品牌。这对于叶国富来说，这绝对是个相对狭窄但具备远大发展前景的蓝海。

“哎呀呀”自2004年成立以来，始终坚持以“时尚、动感”为品牌理念，坚持用最合理的价格提供给顾客品质稳定、最具时尚感的产品，并通过大气的形象店面和专业亲切的销售服务，逐渐成为中国时尚女孩的专用品牌。人们在惊叹“哎呀呀”飞速发展的同时，不禁会问，叶国富的成功秘诀究竟是什么？用叶国富自己的话说，这一切都要归功于他的独特的营销模式。

一直以来，很多国内的公司在进行产品营销时，总会不由自主地去借鉴国外的所谓“成功的营销经验”，而这些营销模式大多遵循的是细分人群、精准定位、个性诉求、中高端定价，最后试图通过广告、品牌来提高价值感，通过推广和促销来提升销量，通过培训来增加销售士气等固定套路。然而当把这一套国外的经验真正用到自己的产品营销上时，就会发现这些看上去异常华丽的套路一旦到了国内就会出现水土不服的情况，最终的销售结果自然也就不尽如人意。

这一切都被叶国富看在了眼里。为了避免出现上述情况，叶国富从一开始便给“哎呀呀”制定了“买得起的快速时尚”的营销理念。这种营销理念的核心便是便宜。在叶国富看来，只有卖让大多数人买得起的产品，才能够最大限度地吸引顾客前来光顾，生意才会不断做下去，甚至会越做越大。然而就是这样简单的想法，起初却遭到了很多营销专家的鄙夷。这些专家认为，叶国富的营销方式立足点太低，根本无法占据市场。可是叶国富始终相信自己的营销策略能为“哎呀呀”带来广大的市场，他坚信便宜可以制胜。

事实证明，叶国富的坚持是对的。在这种便宜策略的指导下，“哎呀呀”仅仅用了不到三年的时间，就在全国开了1900多家连锁店。这种平均每天开2家连锁店的速度甚至是肯德基等连锁巨头的10倍。而更让人吃惊的是，“哎呀呀”在某种程度上竟然改变了年轻女性的打扮方式，如今佩戴饰品几乎已经成了许多年轻女孩的必需品。由于“哎呀呀”投资小、开店成功率高，还吸引了大批加盟者，星星之火，迅速形成燎原之势，“哎呀呀”甚至从大城市开到了乡镇。

早在2005年，叶国富发现加盟店招商存在较大困难，最主要是因为加盟店不知自己的招商对象在哪里，也不知如何对潜在加盟者进行告知和宣传。就在这时，一个朋友推荐要做网站推广，叶国富听说只需要2400元钱就毫不犹豫地答应了。他没想到的是，从此以后竟然每天都有人从网上找到“哎呀呀”打电话咨询加盟事宜，而且打电话来的基本都是意向比较强的客户，天生商业嗅觉灵敏的他意识到这是一个非常大的商机。于是，叶国富当即决定向网络投入资金，以扩大宣传攻势。

叶国富开始慢慢地把网站当成他招商的核心基地，他把公司所有信息都放在网上，从而方便那些有意加盟的人在网上查看。叶国富的这一举措很快就收到了成效。“哎呀呀”的电话来访数量从每月不到10个增加到了每天几十个，上门洽谈率也从3.3%提高到28.6%，成交率从0.7%提高到8%多，“哎呀呀”彻底实现了网络与传统生意的一致转化。依靠网络营销“哎呀呀”精准地“找”到了潜在客户，这种方式也为叶国富省去了大量的业务员以及时间成本。

与很多其他企业负责人不同的是，叶国富始终认为渠道大于品牌。所以，叶国富自成立“哎呀呀”以来，一直十分注重打造“哎呀呀”的销售渠道。

连锁行业的关键不在于消费者喜欢，而是加盟商为何愿意加盟。有了加盟店铺的数量规模，品牌能见度高，消费体验好，消费问题自然水到渠成。过度重视消费者而忽视加盟商，是国内许多连锁企业在经营上常有的战略失误，包括“哎呀呀”的一些竞争对手在内之所以发展缓慢，也都是因为没有抓住连锁行业的主要沟通对象应该是加盟商而不是消费者这一关键所在。

叶国富知道只有打通了这个渠道，才能把“哎呀呀”的产品推向市场。这个重大觉得对于当时还处于起步阶段的“哎呀呀”来说无疑是有重要意义的。

2009年，“哎呀呀”与迪斯尼签署了战略合作协议，共同开发迪斯尼饰品系列，在“哎呀呀”渠道专有销售。此举是对“哎呀呀”渠道战略的一个肯定，也是对叶国富营销战略的认可。

如今，人们一谈起小饰品，自然会想到“哎呀呀”，这对于一直向注重渠道销售的叶国富来说，无疑是一种极大的认可。在自己的营销策略的支持下，叶国富只用了5年时间，就把“哎呀呀”发展成了年零售总额12亿元的著名饰品连锁品牌。他的成功似乎是在告诉人们：即使在那些不起眼的商业地带，也可能蕴藏着不可限量的宝藏。而“拿来主义”也不全是模仿，只要懂得创新，把模仿的东西最终做成自己的，也有成功的可能。

“每个人都是生活的导演”，这是国内著名视频网站土豆网打出的一句著名的口号。一直以来，在国内视频市场上土豆网都占据着巨大的市场份额，而它的创始人王微，也因此跻身我国的富豪榜之列。

从2002年回国到现在，从贝塔斯曼在线中国执行总裁到土豆网的CEO，35岁的王微一手导演了自己的生活，同时也一手导演着从一枚小土豆成长为互联网视频领军企业的成功之路。

王微是福州人，从小他的父母就希望他将来能考上大学，找份安稳的工作。但高中毕业后，王微却没有考上大学，只好在家待着。日子一长，王微便感觉到异常无聊。突然，他想到了出国，他想去一个完全陌生的国家，去那里体验一下异国的生活。

于是，在父母的帮助下，王微到了美国，进入了史泰顿岛学院学习。在这个学校，王微摇身一变，成了优等生。毕业后他便进入了美国休斯卫星公司工作，负责亚太地区的新产品推广工作。在休斯卫星公司，他边工作，边拿下了约翰霍普金斯大学计算机专业的硕士学位。

2001年，王微到法国枫丹白露欧洲商学院攻读MBA，毕业之后，便加入了贝塔斯曼在线，担任贝塔斯曼在线的中国执行总裁。那段时期，王微过得无比悠闲，时间一长，王微又感觉工作失去了新鲜感，此时的他渴望自己的生活能够发生一些改变。如何改变呢？他立刻想到了创业。

2004年10月，王微和一位荷兰朋友Marc一起去打球。在返回的路上，Marc向王微提起了Podcast(播客)。那时，Adam Curry刚发布他的iPodder软件还不到两个星期。Marc 拿着他的 ipod，给王微听了几个节目。王微听后立刻对这个东西产生了浓厚的兴趣。王微觉得如果能把这个东西带到中国，也一定会有很大的市场。因此，两人一拍即合。

2005 年 1 月，王微向贝塔斯曼提出了辞职，很快就在上海体育馆附近的一个小区里租了一套 3 室 1 厅的民房，办起了“土豆网”。

此时的“土豆网”显得有些寒酸，只有 2 台服务器，20 多人的访问量。然而经过六年的发展，土豆网的注册用户数已经达到了 7820 万，日均新视频剪辑上传数量为 4 万条，每天访问量高达 500 多万人次。

随着土豆网越做越大，王微的压力也越来越大。土豆网渐渐成为了世界上最大的几个平台之一，网站的带宽在中国也是最大的，网站一个月仅带宽成本支出就有好几百万元。随着网站流量加大，带宽成本也随之增加，这却让土豆陷入了难以将巨大的流量转化为收益的困境。

当时国内不少视频网站都不得不通过融资手段维持正常经营，土豆网也是如此。2010 年，土豆网已成功完成五轮融资，融资总额达到 1.35 亿美元。

紧接着，王微又将目光投向了美国股票市场。2011 年 8 月 17 日，在距离第一次提交 IPO(首次公开发行股票)申请 9 个月后，土豆网一波三折的赴美 IPO 梦想终于在这一天圆满。当日，土豆网在纳斯达克挂牌上市，交易代码为“TUDO”。

在王微看来，这是一个非常好的开始。他认为未来会是一个视频的世界，有这么大一个数量级的用户在这里，土豆网一定会获得商业回报。

不要以为机会只存在于那些全新的创意和模式里，如果能够在“拿来主义”的基础上，有自己的创新，那么机会依旧随处可见。